U0016530

全球人才搶著學！

密涅瓦
的思考習慣訓練

李佳達×劉劭穎×黃禮宏　著

推薦序
改變台灣教育，
走向未來與邁向國際

　　—— 嚴長壽

　　在密涅瓦這所宣稱沒有校園的學校成立之初，我就深深地被它設校的理念所吸引。雖說密涅瓦的學費仍然昂貴，但它已被轉換為學生在世界各大洲移動學習的成本。來自世界各地的傑出學生，實際以世界各區域的人、事、物、文化、政治、經濟及社會為背景，透過漸趨成熟的線上工具而學習，這所號稱為「未來領袖」所設計的學校，已做到縱向的「讀萬卷書」，以培養卓越的眼光；橫向的「行萬里路」以增廣見聞，涵養寬闊的胸襟與視野；透過線上教學平台所接觸的世界頂尖「名師指路」，每一種課程設計都符合我心所嚮往的高等教育模式。因此在密涅瓦大學成立之初，我便多次透過演講與文字發表，介紹這所明日學校。在當下台灣封閉的學習環境及被動鎖國的政治環境下，透過對密涅瓦實際課程的了解，甚至參與其中，學其精華，不失為改變台灣教育，走向未來與邁向國際的可行方法之一。

　　因此，在密涅瓦大學運作初期，我即委請我們美國基金會 The Alliance Cultural Foundation International 的重要夥伴，先後數次拜訪該校於舊金山的總部，了解該校運作狀況，學生完成第一年於舊金山就讀後、每半年移動一個城市，包括布宜諾斯艾利斯、柏林、倫敦、海德拉巴、伊斯坦堡、首爾等城市進行學習。在獲知校方因土耳其政情安全考量，考慮將伊斯坦堡的學習點改爲亞洲城市的台北，我樂觀其成，並積極從旁協助以促成這件美事。經過該校亞洲事務負責人與政府再三協商下，終於敲定移動學習的最後一站落腳台灣。2020 年初，台灣終於迎來密涅瓦第一批即將畢業的學生，但非常不巧的是隨即新冠肺炎開始快速蔓延，這批來自世界各地的學生不得不中斷於台灣的學習，奔回自己的國家，眞是好事多磨。

　　以台灣爲例，我個人期待這些來自世界各地的「未來領袖」能藉深入觀察台灣的機會，提出讓台灣足以分享世界的案例，例如從表象認識台灣成功的健保制度外，深究這個制度可能隱藏的財務危機，甚至找到可能的解方；除了探討台積電的成功外，並洞悉整個產業鏈的結構；從反對蘇花高興建的背景，了解過去台灣經濟鼎盛時期，爲防止非理性開發而破壞環保生態外，蘇花高興建將造成整個東海岸無可彌補的浩劫，攸關花東與人類永續的議題……，現今回看，花東縱谷以及海岸線逐漸成熟的生態及豐厚的原民文化、蓬勃發展的各類運動休閒慢經濟活動，花東蔚然成爲台灣最後一片

淨土。在我來看，在探索每個議題縱深所建立的思考習慣，才是這個初創的國際走讀學堂來到台灣達到不虛此行的學習目的。

在這本書中，三位已經擁有非常扎實社會歷練的碩士生，分別分享他們在該校所學的厚實教學內容，無論是批判性思考、創意思維、有效地互動，在複雜中解決問題的能力，都是作為領袖非常重要的學習。

希望不久的將來，當疫情趨緩、世界重新開放之後，類似密涅瓦大學的學習模式能夠繼續發展，開拓更多青年人的視野，讓人類走向更文明的永續未來。

（本文作者為公益平台文化基金會董事長）

推薦序

密涅瓦大學應對未來教育的殺手級應用：知識移轉

—— 羅凱（Kenn Ross）

　　我和本書共同作者佳達在 2018 年認識，第一次見面時，我就感覺到他絕對不只是一般想來多蒐集一個學位的年輕人，他從內心深處，就是個典型的密涅瓦人。當時他來找我討論密涅瓦大學的決策科學碩士班（Minerva Master of Science in Decision Analysis, 簡稱 MDA），MDA 是密涅瓦大學最知名的大學部旗艦課程所衍伸出的進階研究所版本，當然，後來佳達也順利錄取了這個相對較少曝光的碩士班，也才有了本書的問世。

　　若形容 MDA 只是原來大學部課程的新「版本」，那就太小看這個學位了，感謝本書作者們的用心，透過本書第一次為中文世界的讀者揭開 MDA 的神秘面紗。MDA 包含了密涅瓦大學部的基礎核心內容，首先，經過密涅瓦教育創新團隊的精心設計，我們提出了完整的兩年制課程。在 MDA 的課程架構中，第一年是將大學部一年級的四門核心基礎課

程提升至研究所等級的強度，並透過持續性的刻意練習與應用，訓練學生們將跨領域、跨情境的學習成果進行知識移轉，並爲第二年更進階的課程與論文撰寫打下基礎。

　　第二，MDA採用密涅瓦大學實證有效的教學設計：完全主動學習課堂模式。所有的課都是小班制、蘇格拉底式問答討論的小型研討會，以此取代傳統上過時又無效的被動式教學和學習方法。例如，在密涅瓦的課堂絕不會出現冗長的演講，這種設計要求學生和教授隨時保持對課堂的高度投入和專注，打造以學生爲中心的學習環境，本書中作者們有仔細地描述了密涅瓦課堂的運作方式，可作爲所有致力於教育改革者的參考。

　　第三，MDA在整個學習過程中都提供了學生持續性、結構性且個人化的學習回饋，讓學生可以透過交錯刻意練習來強化學習成果。整個評估體系是採取發展式而非總結式的設計。我們認爲根據科學學習法，想要精通任何技能或知識，唯一的有效方式就是建立學生對於跨領域、跨情境應用的正反饋循環，這都要歸功於密涅瓦獨創的科技平台Forum。我們使用Forum來設計和修正整體的課程架構，也透過這個數位平台來打造完全主動學習的體驗，Forum還能幫助我們去追蹤學生學習成果移轉的實踐情形，在跨學科間持續提供幾乎每天更新的發展性回饋。

　　另外由於MDA的碩士生來自於全世界四面八方，Forum也成爲讓大家可以跨國、跨時區互動的最佳幫手。

MDA和大學部體驗最大的不同，就在於沒有大學部全球旅居七個城市的沉浸式學習，雖然很多人認為這是密涅瓦大學的最大特色，但相對於多元的環境體驗，MDA更著重於密涅瓦大學更強的一個殺手級應用：知識移轉。

知識移轉的概念從理論上來說並不困難，它是一種將特定脈絡下的習慣、概念及認知流程，轉而應用在別的情境的能力。在學校中，我們應該要大量進行這種跨學科移轉的演練，但實務上卻幾乎沒有教育系統這麼做。其實無論你從事哪一種職業，日常生活中都會需要大量的知識移轉，例如新的民選政府官員，需要理解經濟學上的沉沒成本（sunk cost），當他在思考選區內哪些事務應該維持，哪些又應該放棄，不能因為過去的投入而浪費時間在不需要的關係上。或者，人也應該要考慮跟隨效應（follow on effects），我們在複雜系統中常常會忽略某些決定或行動的意外後果，就像醫生開藥時必須去思考是否會造成病人的過敏，或引起其他藥物使用上的衝突，反而傷害了病人。律師在草擬合約時必須字斟句酌，隨時思考是否會與整體的架構有所衝突，以及與其他法條和司法體系的關係，畢竟複雜系統的運作不會憑空而來，一切事物背後都有著千絲萬縷的聯繫。

人類大腦並不是天生就知道該如何培養出快速、有效且簡易的知識移轉策略。學習如何移轉對我們大部分人而言，得透過長期試錯的過程才有可能發生，甚至可以說，這是我們一生都在學的課題，我們得在這些持續的嘗試和錯誤中，

去摸索出一些生命裡最重要的功課和規律。或許我們當中的某些人最終可以在數十年的人生歷練後，逐漸掌握一套能夠觸類旁通的基礎法則，但如果有方法能讓我們不用等這麼久呢？為什麼我們要用如此缺乏架構和恣意的方式來學習這堂人生必修課？倘若我們有方法可以有效縮短這個學習歷程，甚至在僅僅數年間，就能透過有效的刻意練習，來鍛鍊自己知識移轉的能力，這不正是學校，尤其是我們認為的高等教育該做的事嗎？在密涅瓦，知識移轉，就是我們心中理想教育的終極目標。

遺憾的是，傳統教育體系並沒有專注在培養學生們知識移轉的能力，甚至可以說和我們的教育理念完全背道而馳，只是不斷驅使學生們盲目去追求學位，而不去考慮到底學生應該學習什麼，又如何學會。

作者們在這個時間點，用本書精彩的內容，為大家揭開密涅瓦大學 MDA 課程的神秘面紗，如同澆灌未來教育的及時雨，三位作者用各自的人生歷練，帶出了三種截然不同的應用場景，讓讀者能夠更全面地理解他們所學的內容，以及他們如何學習的過程。更重要的是，他們以自己的故事提醒了我們，為什麼在這個人類歷史的轉捩點，學習如何訓練我們大腦跨情境的移轉能力是如此的重要。

雖然在你讀到這篇文章時，大多數人（包括我）從未接受過密涅瓦大學的教育洗禮，在我們念書時，甚至類似密涅瓦提倡的學習方式根本還不存在，但 MDA 的訓練卻提供

了如同本書作者的專業人士們一個不同的學習機會，來重新打造自己的系統思考能力。但我們的理想遠不僅於此，密涅瓦計畫（Minerva Project）現在正與其他大學，甚至高中合作，我們想協助全球有同樣理念的學校一起實踐這套學習體系，包含了經過科學實證有效的課程內容、主動學習的教學方法、發展性的評估工具和 Forum 的數位平台科技。我們相信有了這些元素，學習將變得更加有系統，也會更有意義，最終帶來引領教育變革的深遠影響。我們看到一些學校已經開始教學生如何進行知識移轉，密涅瓦正在嘗試透過多元的新計畫，包含協助建立新的大學，在世界各個角落促成這些改變。我們的合作夥伴們致力於重新塑造新時代的老師、學生、家長、學校，以及各種教育工作者對於學習的想像，而當大家同心齊力，我們必能重新定義教育的樣貌。

　　我們相信，當全球的優秀大腦經過這種高強度、有意識的鍛鍊，會有更多人學會知識移轉的核心觀念，轉而應用在更廣泛的創新領域當中，他們可能會撞擊出新的學科，開發出新的產業，打造出新的文化，甚至創造更多我們現在還無法想像，而我們需要的改變。在這個快速變遷、充滿高度不確定性的年代，還有什麼比學習應對未知的智慧更加重要的功課呢？

（本文作者為密涅瓦計畫亞太區執行總裁）

推薦序
密涅瓦的思考習慣訓練法，讓高中生發現自己的 Super Power

—— 汪大久

　　身為中學校長，我深知中學教育是生涯發展的基礎，因此，我跟我的團隊夥伴始終以學習型組織自許，時時掌握全球教育發展脈動。我們認同108課綱以培養學生核心素養為主軸的教育方針，在師生高度共識下，以學生為中心，發展具有前瞻性、啟發性及實質內涵的優質課程，落實校本特色。早在新課綱實施前，具學科專業或跨領域協同內涵的多元選修課已經發展成熟，累積多年的前導經驗後，更積極與專家學者合作，引進國內外特色課程，目的是讓高中生有機會了解全球頂尖學生的學習趨勢，進而參與相關課程。

　　其中最受歡迎者首推108學年度起與李佳達老師合作開設的決策思考力（原素養導航）課程，這套課程強調方法論與實用性，融合密涅瓦大學思考習慣訓練法及大歷史（Big

History）的全局思維等核心課程，從高一到高三，從科學學習法到系統思考，是全台唯一在中學校園持續推動的國際型課程。三年來參與這堂選修課的同學們都表示，透過課堂上深度對話，可以幫助自己釐清心中的疑問，問對問題、分析問題、解決問題。佳達老師強調，源於密涅瓦的思考習慣訓練法就是要讓學生從課堂的被動轉變成主動，跨越了學科，運用科學學習法，讓知識在大腦中深度運作，發展出自己獨特的思考和解決問題模式。

　　因爲我們無法預知學生未來會遇到什麼樣未知的挑戰，因此學習的關鍵在於養成學生有效決策的思考習慣──這是密涅瓦大學思考習慣訓練法的核心概念，這些思考習慣會在你遇到問題時自動浮現，開始運作。換言之，思考習慣訓練是一種可以讓學習者帶走學習成果的教學設計，引導學習者綜合應用，甚至透過刻意練習，越用越強。這項能力也可以稱之爲素養，未來在各種領域皆可終身受用。

　　面對教育現場的創新與挑戰，我們深切感受學習如何學習是人生重大的課題。長久以來，在傳統的升學模式渲染下，學生學習模式以接收式爲主，不需要太多批判性思考的能力，因此常常形成思想枷鎖與侷限。明道創校五十餘年來，除了固守基本面要求嚴謹的學習，更積極引導學生培養多元能力，包含邏輯與批判性思考、問題處理能力等。佳達老師推動的思考習慣訓練及大歷史的全局思維課程，以跳脫框架的思維模式讓學習者深入探索學習的本質，像是一塊拼

圖，在對的時機出現，很快就在明道校園裡掀起討論熱潮。

　　在佳達老師的課堂上，跳脫舒適圈是常態，學生必須在課前自主學習課程材料，課堂上的小組討論則促使學生從不同的角度看世界，同儕間對於事物的不同見解更是學生在建造多元思維的道路上不可或缺的養分。三年來我們看到學生在這堂課上的投入，不僅在課程前置準備作業下足功夫，課堂上也積極吸收不同領域的知識，培養與深化自己的跨領域能力。更重要的是，他們學習到了如何當個學習者。

　　在學無止盡的時代，孩子的潛力如同水面下的冰山，有無限發展空間。感謝佳達老師將思考習慣訓練、全局思維、系統思考及問題解決等課程帶進中學校園，讓學生在明道發現自己的 Super Power。

（本文作者爲明道中學校長）

推薦序

感受探索世界與真理的快樂，
培養當前世界最需要的能力

—— 滿謙法師

　　虎年開春，接到李佳達講師寄來書稿，閱讀之餘，除了欣喜也重新溫習過去曾經和佛光青年一起上過的大歷史課程。

　　最早認識李佳達講師是在前年聆聽他的講座「學習是種未來進行式」，淺談大歷史思維。之後和佛光青年們一起上了大歷史課程，間接接觸到密涅瓦大學的思考習慣訓練，真的是非常活潑生動，但又讓人燒腦（絞盡腦力）的課程。

　　欣喜看到這本書即將出版，從中分享三位不同領域者學習密涅瓦大學的思考習慣訓練法的心得，從中複習批判思考、問題解決、複雜系統與決策思維，這是未來重要的教育方式，為人類面對未來無常變化複雜如疫情等，所需要的系統性思考教育、學習解決問題和做出正確決策的方法。

　　家師星雲大師一生主張以教育培養人才，在美國、澳洲、菲律賓、台灣等地辦了五所大學，為社會造就不少人格思想健全、身心平衡發展的時代青年。大師說教育的課題在啟

發心智，教育的秘方應以尊重學生爲前導，教育的基礎在生活習慣，教育的目的在完成人格，教育是在開發人們與生俱有潛能，是在培養良好和諧的性情，進而完成健全的人格。

曾經參加密涅瓦大學創辦人和各國學生們在台北舉辦的專題課程，個人感覺密涅瓦大學的課程目標正是星雲大師教育理念的實踐，如書中所提到，密涅瓦大學學習的項目從傳統的領域分類改變爲以有效解決問題爲導向，例如批判思考、創意思考、有效互動、與複雜系統等。評量方式與課程進行，以思考習慣爲核心，在課堂上提供學生足夠多的訓練這些思考習慣的場景，讓這些素養眞正可以內化爲習慣，隨時可以用來處理各種未知的挑戰。

密涅瓦大學沒有校園的觀念，正是家師星雲大師所提倡的「我們的校園在世界」；大師說「做中學」和密涅瓦大學根據時代需求所創造出的學習體驗不謀而合。

很歡喜推薦這本好書，這是未來教育的方向，相信透過本書的內容我們可以有新的領悟和啓發，並應用在生活或工作不同的領域決策能力。

閱讀這本書也能讓家長了解新的教育方法，打開另一扇窗，不再以傳統方式教育，培養孩子感受探索眞理和探索世界的快樂，同時培養當前世界最需要的能力。

在密涅瓦的課程中，最讓人印象深刻的人人主動學習，老師和學生每個人隨時都在給予，也同時收獲，這是施受平等的學習法。

　　李佳達講師邀稿，樂意推薦之，這本好書值得親子一起閱讀研討。

（本文作者為佛光山海外巡監院院長、
佛光山歐洲總住持、台北道場住持）

推薦序

密涅瓦是一把智慧之火，
三位作者是現代普羅米修斯

—— 楊斯棓

　　密涅瓦大學一詞在我心中開始留下深刻印象，應該是來自《唐鳳：我所看待的自由與未來》一書中，她被問及：「您覺得未來在實驗教育上，可以嘗試的方向是什麼？」的段落。

　　書中她這麼回答：「實驗教育，可以再往高等教育延伸，如果能夠這樣會很有意思。現在有一種跨文化、跨空間、跨世代的學習模式，類似密涅瓦（Minerva，以全球城市為教室、沒有校園的大學，所有課程都線上進行）這種以數個城市做為校區的實驗大學，並不是以特定年紀來招生，而是把對同一個研究專案有興趣的人，召集起來一起學習。」

　　本書三位作者李佳達、劉劭穎、黃禮宏，俱為一時之選，分別有法律、醫學、傳產背景。他們在各自領域已有一番成績，雖近中年，仍奮進不已，考上密涅瓦大學的碩士

班，絞盡腦汁為自己、為台灣。他們費心做好每一次的課前準備，與世界俊彥既鬥智也鬥志，最可貴的，他們還願意攜手寫下最新穎的思考方法與實際應用，讓更多台灣人得以一窺密涅瓦堂奧。

1989 年的台灣，當時的政壇新銳尤清博士一頭銀白髮、一襲黑夾克，在萬頭鑽動的演講台上跟台北縣（現改制為新北市）的選民介紹，德國的海德堡大學沒有圍牆。彼時台灣大學聯考錄取率約莫三成，大學裡有人二室，也有一堵圍牆，尤清公然宣講海德堡大學「沒有圍牆」的概念（註：海德堡大學和海德堡古城老街區融為一體），引起諸多討論。

2012 年，「沒有校園」的密涅瓦大學問世。此刻的台灣，大學錄取率將近百分之百。身邊曾聽朋友轉述其友人不諱言讀大學只做了兩件事：「看台灣霹靂火與打籃球」，也有一定比例的大學生，戲稱自己念的是「函授學校」，因為多以（全班協作的）共同筆記應付接踵而來的大小考試，畢業之際，理所當然的考完相對應的國家考試後取得證照，然後用這張證照去找相對應的工作，打算就這麼過完一生。

讀完本書，我跟未聞密涅瓦的家人介紹密涅瓦大學，包括其上課型式。家人提問：那與一些優質的線上課程有何相異之處？

這真是一個好問題。

共同作者之一的李佳達老師，書中有解：「無論是密涅瓦所教的知識或技能，可以說沒有什麼是網路或線上課程平

台找不到的。」

信然，COVID-19疫情肆虐之前，諸多線上課程已經迭代多次，蛻變不少，城鄉差距縮短不少。

打個比方，早年可能某某國中老師特別會教數學，跟著他補習的市區學子，以老師傳授的口訣跟奠基的觀念，考高中時多能獲得不錯成績，一旦這位老師被相關業者三顧茅廬攜手合作後，偏鄉學子若認真收視，也很有機會習其技，得高分，一條網路線，讓名師不再不可得。

國中數學老師的課程可以用高中物理老師甚至是醫學院教授來抽換，台（三元及第）、美（KAPLAN）都有聲譽卓著的辦學公司，跟隨其步伐，考照不只有望，而是探囊取物。

密涅瓦所能給學子的教育跟上述優質的線上課程究竟有何差異？我引述佳達一段話：「密涅瓦大學每堂課都是小班19人以內的線上討論課，學生要在課前讀完所有的素材，在課堂上進行多元的討論，透過即時測驗、分組討論、辯論等各種教學活動設計，讓所有學生都參與在課程中。」

且容我有所冒犯的畫出一條區隔線：即使被認為是優質的線上（預錄）課程，其所傳授的知識或技術，大多是學習過去的人怎麼解決舊問題老毛病，舊問題不是不重要，很多舊問題仍困擾著大眾，社會仍需要一批擅長處理舊問題的專家，舊問題可不能擱置。

然而，密涅瓦的教育，不只是要訓練出一批能解決舊問題的能手，它的企圖心更高。我嗅出它想要訓練出一批能

手，可以嘗試解決當下舊問題中特別棘手的問題，以及將來才會出現，現在則無從得知的問題。

譬如共同作者黃禮宏總監書中就分享兩年前COVID-19疫情肆虐，舉世關閉邊界，簽證停發，他所服務的外銷製造業素來仰賴實體互動，一時成了重災區，無法驗收當初的訂單，貨出不去，錢進不來，究竟如何解決？好在，好在禮宏已接受一學期的密涅瓦洗禮，用一顆「密涅瓦腦」，逐步拆解問題，開發出低成本又有效的驗收方法，同行業績衰退三成，他們竟能逆勢成長。

我特別喜歡共同作者中劉劭穎醫師分享的一句話：「我覺得應用在醫療上，從密涅瓦學到最有趣的就是有關偏誤。」這句話，讓我想到我愛不釋手的魯爾夫・杜伯里的兩本作品：《行為的藝術：52個非受迫性行為偏誤》以及《思考的藝術：52個非受迫性思考錯誤》。如果我們能利用思考框架減少認知偏誤，我們可能不會輕信一些花大錢又效果不彰的減肥方法，我們也不會熱衷買樂透，對一夕致富有不切實際的期待。

衷心希望更多台灣人在閱讀此書後，都慢慢換上一顆「密涅瓦腦」！

（本文作者為《人生路引》作者、
方寸管顧首席顧問、家醫科醫師）

各界讚譽

這是一本重新定義學習與邏輯思考的書，藉由作者們在密涅瓦大學的研讀過程中，看見一種前所未有的創新思考力。用嚴謹的科學邏輯，找到核心問題並建立決策系統，也讓我們看到了嶄新的未來教育之路。

——矽谷美味人妻KT，「矽谷為什麼」科技節目主持人

面對問題，解決問題，本書提出四大決策思考力，激發創意和創新，透過三位大叔的學以致用，一睹密涅瓦大學的理念與實踐。

——于為暢，資深網路人

本書精彩不只在於架構與方法論，更多哲學思考衝擊著固化的思維，裝備了拓荒的勇氣，祝福有更多的共學者同行。

——王一郎，賦力國際企管公司創辦人

自從認識密涅瓦以來，我個人認為未來學校的樣態已經被初步實踐出來，也就是 personalized deep learning 的實踐。書中三位作者透過共創的方式回憶他們在密涅瓦的學習，以

他們的不同角度看見未來教育的長相，讓沒機會去密涅瓦讀書的你我，可以身歷其境地去體會他們的所見所聞！

　　——呂冠緯，均一平台教育基金會董事長暨執行長

　　本書爲我們介紹了教育的更多可能性。也回答了我們，在現代社會中，大學教育存在的目的究竟爲何，令人深受啓發。

——周宇修，謙眾國際法律事務所律師、台灣人權促進會長

　　透過三位老師在密涅瓦學習，將省思與自覺記錄下來，能讓我們在閱讀之際，學習到面對問題的分析技術，也能確定面對未知世界的處世態度，無所畏懼。

　　　　　　　　　　　　　　——周震宇，聲音訓練專家

　　沒有探索新知識的精神衝動，就不會有大學；但光只有對於知識的熱望，卻往往不足以應付現實世界的挑戰。「理無專在，而學無止境也」，尤其在此刻 VUCA 的時代中，「如何學習」「學習」的能力，是我在此書中探得的瑰意。

　　　　　　　　　　　　——張瑋軒，作家、女人迷創辦人

　　我在 2014 年就接觸到密涅瓦，當時我在舊金山參加奇點大學（Singularity University）的高階經理人培訓班，認識了這一個改變世界的新型態大學，也在舊金山辦公室跟創辦人班・尼爾森見面，對於他們的創新教學理念和訓練學生

獨立思考及分析判斷覺得非常具有前瞻性。很高興作者可以把他第一手參與密涅瓦學習的經驗分享出來，相信對很多人非常有幫助。

——許毓仁，哈佛大學大學甘迺迪學院訪問學者、
前立法委員

看密涅瓦大學如何落實心理學的發現，讓台灣三個菁英的思考與問題解決能力突破限制！值得關注教育的人一讀！
——連韻文，認知心理學博士、台大心理系副教授

這三年，我們都深刻體驗到VUCA世代（易變、不確定、複雜性、模糊）的挑戰。未來，變得越來越模糊難見。三位作者用自己的角度，分享這時代最重要的四個議題：批判思考、問題解決、決策思維、複雜系統，並巧妙地讓這本書成為多元角度的開放性學習。這不只是一本書，也不是三本書，而是無數本書籍的智慧結晶，為我們打開時代智慧的大門。
——陳思宏，企業講師、教練、作家

「哇！」是我看完本書的第一感受，隱含驚嘆與期待，密涅瓦大學以學生為中心的主動學習模式，以思考習慣為核心進而提升問題解決力的教學歷程，為思考著如何培養孩子素養能力的教師與家長提供了很棒的方向。
——陳郁鄗，北市龍山國中地理科教師、Super教師獎得主

在這變化快速的年代，作為一位大學老師，我常想教育能怎麼培養學生們自信面對未知的智慧與有效解決問題的能力？但總覺得自己有心，卻沒有有系統的教育方法。不過，從三位作者對其在密涅瓦大學的求學經驗描述中，我驚訝的發現他們學校的課程設計竟能如此精緻與有系統地將許多老師對教育的期許實踐出來！願這些教學理念與設計也能在我們的高等教育中創造一些新的可能。

　　　　　　　──陳嘉鳳，政治大學心理學系退休副教授

世界愈來愈脆弱，全球暖化、氣候變遷、貧窮、新冠疫情、俄烏戰爭和難民問題……皆需要全球視野與跨文化認知的國際化人才，本書揭露密涅瓦大學獨到的自主學習與批判思考力、跨文化認知與理解力、溝通協作力、快速適應變動力、全球議題解決力的教育方法，積極培訓未來領導人才。

　　　　　　　　　　　　──程金蘭，台北電台主持人

數千年前的孔子就說過：學而不思，則罔；思而不學，則殆。現代的密涅瓦大學，則將學、思、做聯結起來，讓學習和生活、知識和應用、歷史和未來，得以在一套套思考習慣的養成中，串聯成現代人面對未來的即戰力。非常高興看到佳達等三位優秀的青創家，總結自己全心投入密涅瓦大學奇妙的學習歷程，無私地分享出來。相信這一本書對所有關心未來大學教育、終生教育，甚至自我學習的人來說，都是

一份寶貴的參考資料。

——馮燕，前行政院政務委員、台灣大學社工系教授

在這個疫情、戰爭、經濟危機打亂我們生活、黑天鵝肆行的年代，複雜的科技、商貿、文化合作也愈來愈需要跨領域、跨國的合作，傳統教育方式愈來愈捉襟見肘，很高興我們能夠在這本好書見識到未來教育的嶄新可能性！

——黃貞祥，清華大學生命科學系助理教授、
「Gene思書齋」版主

道法合一的密涅瓦大學，不是追時髦、追科技的機構，而是讓學生學羅列經緯，學界定範圍，學方法，學學問，能如洞山指月般去體悟知識本質的殿堂。

——黃崇興，長庚大學客座教授

對傳統教育的反思與未來教育的探索，是本世紀最重要的議題之一，也是VIS國際實驗教育一直以來努力的方向，密涅瓦的教育方式指明了一個有趣的出路，而作者在其中的深刻經歷與深入觀察，提供了我們了解密涅瓦絕佳視角。

——黃禮騄，台北市VIS國際實驗教育總校長

台灣教改強調的自主學習、素養教育，在密涅瓦大學教育中完全實踐了。作者用親身經歷，見證了密涅瓦的全人教育。

——楊田林，人文企管講師

回首三四十年來的職場經歷，才驚覺世界變化超乎想像。而現在連最根本的學習方法，學校面貌都變了。處在這個資訊紛亂的時代，讓人憂慮孩子的判斷能力。密涅瓦的學習方式，或許是值得的解方。

——葉玉琪，《工商時報》總主筆

密涅瓦大學打破學科邊界，以思考習慣為主體的設計，在學習移轉方面具有高度潛力，三位作者便是最好範例。

——葉怡矜，國立體育大學休閒產業經營學系教授

三位優秀作者就讀密涅瓦大學的反思，揭開傳奇面紗，透過多面向探究學習本質，讓你一窺系統決策的堂奧，此書值得你擁有！

——趙胤丞，企管培訓師、顧問

作者毫無保留地分享自己在密涅瓦大學，利用數位科技和來自全球頂尖同學、教授一起「跨域學習」，學著如何在面對難以預測的未知環境下，做出最佳決策的過程。終於體會到為什麼過去這幾年，我在矽谷的同學和友人，願意鼓勵

他們的小孩放棄常春藤名校就讀機會，進入這所顛覆全球高等教育的「未來大學」重新學習的眞實原因。

　　——蔡俊榮，台大管理學院高階管理教育發展中心執行長

　　密涅瓦大學的理念不特別，特別的是這所學校眞能實踐這些理念。讀本書，像照一面大明鏡，讓我們看清楚自己可以更努力的地方。

　　——鄭同僚，政大台灣實驗教育推動中心計畫主持人

　　學習如何學習之前，我們應該要先問爲何需要學習？當你了解爲何出發後，這本書將告訴你終身學習的模樣。

　　——鄭俊德，閱讀人社群主編

　　爲何現今教育仍深陷重複訓練作答的泥沼？因爲培養學生解決問題及獨立思考的能力如何教？如何評估成效？……等問題太難回答，本書借鏡密涅瓦大學的經驗，是目前我認爲在面對「解決問題」與「獨立思考」的教育課題中系統性說明最完整的一本書。

　　——劉宥彤，永齡基金會執行長

　　看到三位作者在生活與工作面向的應用分享後，我發現密涅瓦的教學能啓動你觀察這個世界的新視角，也能夠有系統的幫助你解決生活中的大小問題。我迫不及待的想要趕快

與台灣的教師們分享。

「自我領導力教育」教孩子一生可以帶著走的能力。密涅瓦的教育哲學則可以培養孩子啟發新的思維，並且有系統的找到問題解決的方法。我很樂意推薦給全國的教師們。

——賴恆毅，沛德國際教育機構總教練

很高興看到作者將三個跨領域中年大叔的學習體會整理成一本極具啟發性的書，讓沒有機會到密涅瓦的人也能透過作者的反思一探究竟。這是專為想要學習在探索世界的快樂，也能同時培養出當前世界最需要的能力的讀者寫的一本書！

——謝明慧，台灣大學國際企業學系教授

我們面臨最大的問題，就是教育跟不上社會環境的快速變化。我們信奉的中心化階層管理的教育系統，已加速解構朝向去中心化的複雜系統與多元學習生態。密涅瓦是這樣典範的先行者，更難能可貴的是他們搭建了與時俱進的論述系統與創新的學習架構，向人類世界的高等教育丟下一個震撼彈，也為我們指引了一條清晰的未來教育路徑！

——蘇仰志，雜學校校長

作者序
以終為始：
接入千年的知識長河

—— 李佳達

　　寫這篇序言的下午，我坐在咖啡館看著窗戶斜灑進來的陽光，有一種極為陌生的放鬆感。其實只在不到 3 小時前，我才真正結束密涅瓦大學碩士班的所有課程，但當我如反射動作般的推開筆電螢幕準備開始打字，這十六個月的課程點滴就像跑馬燈一般開始在我腦中迅速回放，心情是複雜、滿足、如釋重負，卻充滿＿＿＿。

　　空格部分請允許我最後再揭曉。

　　密涅瓦大學碩士班的所有課程，真的是我上過最硬、最操，甚至可以說最缺乏「人性」的安排。連續 4 個學期，1 週上課四天，每天雖然只有一堂 90 分鐘的課，但每堂課程預習的時間就要 3 到 4 小時，這還不含 2～3 週就要交的大報告，常常在預習、上課之後，還要繼續花 2～3 小時寫報告，然後隔天再重來一次，日復一日，更不要說這個碩士學位是設計給全職上班族的，也就是白天至少 8 小時的時間，

還有我們各自的工作要完成。光這個月，我熬夜的天數就超過一半，更受苦的可能還不是學生本人，而是我們的家人。這段期間我自己歷經了太太從懷孕到生產的過程，有無數個夜晚，我一邊在課堂上和同學寫程式分析資料，一邊聽到太太衝到廁所孕吐不止，或是孩子出生後，聽到她們半夜起來大鬧討奶喝的哭聲。我認識的所有學生幾乎都動過放棄或休學的念頭，那到底是什麼讓我們撐了下來？

　　肯定不是所學的知識本身，因爲無論是密涅瓦所教的知識或技能，可以說沒有什麼是網路或線上課程平台找不到的，我們完全可以在拿到課綱後就輟學，然後自行按圖索驥，用自己的步調把這些東西學會。

　　如果讓我來描述，眞正難以取代的體驗是密涅瓦讓我第一次進入到一種學習的傳承中，如同我太太形容的，密涅瓦試圖用最新的科技，教最古典的精華。我好像可以看到某種古往今來知識的虛擬宇宙，在這裡面，我目睹了千年來的學術激辯和交鋒，發現人類一支又一支爲了探索世界而從各個角度丟出的探針。在每個學習的當下，我不屬於某個學校、學派或科系，我只是不斷爲自己的大腦下載著不同的演算法，一邊對照著我所在的現實世界，試圖更看清自己是誰，從哪裡來，又要往哪裡去。

　　1950～60年代，歷史學者對於大學的起源進行了一次激烈的大辯論。馬克思主義者認爲，大學就是爲了維護統治階級所建立的人才訓練所。另一派學者則認爲，如果只是爲

了任何政府、教會或社會的人才培訓，是不會產生一個像大學這種全新教學和學習的獨立場域，還能一直延續千年。刺激大學出現和成長的根源恰好和馬克思主義者所講的相反，是學習和了解世界的需求，是人類底層「探索知識的欲望」和好奇心。

最後，學者們對於大學的起源得出了一個折衷的結論，沒有探索知識的精神衝動，就不會有大學，但是精神本身無法創造大學，所以大學教育從一開始，就同時受到探索真理和獲得現實所需訓練的兩種張力拉扯。換句話說，在大學中存在著兩種DNA：感受探索世界的快樂，同時培養當前世界最需要的能力。我想，密涅瓦大學的課程設計，完美地激發了這兩種DNA，也讓我們每每在快熬不下去的時候，會為了「可能可以多看到一點新世界」這種衝動而留了下來，然後在熬完無數個夜晚之後，不知不覺間，竟然又多具備了一種能跟世界某個頂尖領域互相溝通的能力。

在這本書中，收錄了來自三個不同領域的中年大叔，一起完成這趟探索之旅的掙扎過程，一個尋找未來教育樣貌的職業講師、一個看遍生死轉而投入教學的急診科醫師，還有一位不斷透過學習增進決策能力的國際業務高手。我們寫這本書的初衷不是要拿來當密涅瓦大學的招生手冊，推更多人進入這個煎熬的大坑，而主要是出自我們對彼此的好奇。這十六個月，我們從古典的邏輯學、嚴謹的科學思維與研究方法、問題解決、創意思考、綜觀全局的複雜系統觀，學到最

新諾貝爾經濟學獎得獎的統計學方法和資料分析程式語言，
這看似無所不包的範疇，卻又緊扣著從古到今最頂尖實用的
決策思考，我們好像全身被置換了某種共通的血液，可以理
解彼此最底層的思維模式，但又能隨時將學習成果移轉到任
何我們熟悉的專業領域去思考和解決問題。

　　當然限於篇幅，書裡無法呈現太深入的課程內容，例
如決策思考這個主題，我們至少就學習了超過20種決策思
考方法和工具，但與其去介紹這些工具的數學模型和應用方
法，我們更希望的是透過我們自己身邊遇到的生活化案例，
幫大家編織出這個知識宇宙的網狀結構，因爲唯有當這些知
識點彼此串接起來，才會產生力量。

最完美的課堂＋根植人心的科學學習法

　　密涅瓦大學的課堂，有著任何老師和學生心中最完美的
設定，老師最期望怎樣的課堂呢？當然是每個學生都做好每
一課的預習，帶著筆記和課前作業來上課，並且隨時準備好
回答任何問題。在密涅瓦的課堂上，你不會聽到學生兩手一
攤說我不會，即使你不知道答案，你也應該告訴老師你現在
正試著用什麼思路來去想這個問題。那學生最想要的完美課
堂又是什麼呢？當然是老師也準備好了，透過一環扣一環的
課程活動設計，讓學生透過實作，發現自己讀再多，可能都
沒有注意到的洞見。

　　在決策行為數據分析的課堂上，有一幕大概是讓所有同學都難以忘記的，在某次短暫下課休息回來後，老師忽然放慢語速，非常認真地和大家說：「盡量問我問題吧！我真的是這個主題世界級的專家，想深入了解這個主題，你可能不會有更好的機會了。」當老師講出這樣的話，我們沒有人覺得這是在炫耀。首先因為在課前素材中，老師分享了他在亞馬遜擔任顧問的演講，全球頂尖企業的資深工程師都需要公司花大錢請他來指導，這不只證明老師的實力，也說明我們在學的決策工具，絕不僅是象牙塔裡的擺設，而是現實世界中最前沿的應用。更讓大家動容的，是老師誠懇的聲音和態度，那是真的想讓我們成為世界頂尖人才的期望，而且，他相信我們準備好了，可以問出超過教材、需要挖出他十幾年壓箱經驗來應對的好問題，讓他也能有所學習。課程中不只一次，我們會聽到老師這樣說：「我教這堂課這麼多年，謝謝你們讓我第一次想到這個方向。」密涅瓦的主動學習課堂之所以完美，不是因為教的東西有多厲害、或老師學生有多優秀，而是每個人隨時都在給予，也同時收穫。

　　除了「完美」的課堂，更能優化學習效果的，是經過科學學習法設計的「思考習慣」，在密涅瓦的必修決策課程中，沒有分科系或領域，甚至課程與課程彼此之間都是被打通的，因為真正貫穿所有學習歷程的是「思考習慣」（Habits of Mind）。這些「思考習慣」包含傳統上的知識、技能和態度，但都會被轉化為可以被應用和檢驗的行

爲，每堂課都在學習 1 到 2 個「思考習慣」，然後透過課程活動去實際應用這些習慣。這些習慣可以前後呼應，相互爲用，久而久之，就像滾雪球一樣，你可以把自己融合批判思考、創意思考、系統思考、數據分析等各種「思考習慣」，搭配成爲你自己獨特的決策組合。

如果說暢銷書《原子習慣》，是在教你如何將你想要養成的習慣透過拆解成爲最小可執行單位，慢慢在你的生活當中組合起來，那密涅瓦大學的思考習慣訓練法，就是在教我們如何把各種書本中難懂的理論，變成具體可行的決策工具，應用到自己的生活場景。差別是密涅瓦不只要給你一個原子，它要直接幫你輸入一個決策用的元素週期表，讓你在後面遇到任何未知的挑戰，可以自己去找到適合的元素，組合出你想要的材料。

這本書有五個章節，除了第一章列出了作者們各自入坑密涅瓦的學習理由外，你將會看到三位作者在四個主題（批判思考、問題解決、複雜系統、決策思維）中應用相關思考習慣的思路，以及不同的使用情境，在附錄中有密涅瓦大學所列出完整的思考習慣訓練清單和簡要的定義。我們相信密涅瓦大學的決策思考習慣訓練，未來將會成爲所有人應對未知挑戰的必修課，希望這本書能拋磚引玉，先幫大家勾勒出未來學習的一種可能面貌。

最後，要來填空了，連我自己都沒有預期到，密涅瓦大學課程帶給我最大的收穫，竟然是幫我的心中加滿了「勇氣」。

　　2018年的全球PISA測驗結果指出，台灣學生是全球最害怕失敗的一群。即使已經跨入中年，回到密涅瓦的教室，才發現我仍然是那個最害怕失敗的一群人之一，尤其面對從高中選文組後就沒有再碰過的統計和程式語言，除了必須花費比別人多出幾倍的時間預習，更要忍受自己在課堂上常常錯誤到離譜的回答。直到終於可以承認自己就是比別人學得慢、需要更多的反應時間才能想清楚，看到慘不忍睹的分數也不覺得難堪，我才理解到一個毛骨悚然的事實：就因為害怕考試失敗，也讓我放棄了絕大多數認識這個世界的可能性。

　　密涅瓦大學的前兩門課：「形式分析」（Formal Analysis）和「實證分析」（Empirical Analysis）象徵著傳統西方學術認識世界的兩種世界觀，前者是用符號、邏輯和模型來試著表達這個世界的規律，後者是透過各種觀察和實驗的方法去發現世界的規律。這兩種世界觀其實都和數學和程式語言密切相關，如果沒有意識到這件事，我就會繼續錯過大數據、人工智能、元宇宙等各種未來發展，就像記者問一個千萬訂閱的YouTuber，為什麼會相信區塊鏈上的NFT（非同質化代幣）值這麼多錢？YouTuber反問他，你覺得是你家的某張畫或某個家具更真實？還是我區塊鏈錢包上的一段代碼更真實？你要怎麼跟我證明你擁有一張你描述的真皮的、黑色的沙發？但我卻可以馬上給你看這段代碼，或把它轉到你的錢包裡，在未來的社會，你告訴我到底哪個更真實？從公元前試圖用天球模型描繪宇宙運轉規律的托勒密，

到現代可以賣出6900萬美元的NFT藝術作品，使用代碼、數字來解釋和預測這個世界，從來就是千年人類集體智慧傳承的精華，我們的教育體制卻讓絕大多數的孩子打從心底害怕、甚至厭惡數學，是現代應試教育所造成最大的缺憾。

經過了密涅瓦課程的洗禮，讓我不再害怕任何學習會「失敗」。學習，就是在滿足我自己探索世界的渴望，以及獲得適應這個世界需要的工具。希望我們三個跨領域中年大叔的學習體會，也能給大家打破既有框架的勇氣，可以用更寬廣的眼界重新觀看這個有趣多彩的世界。

密涅瓦大學簡介

　　密涅瓦大學（Minerva University），這是一間沒有校園的學校。早在疫情開始前，所有的課程就全都是以線上方式進行。創辦人班·尼爾森（Ben Nelson）重新思考什麼才是我們所需要的現代高等教育，並於 2014 年開始密涅瓦的招生。這座沒有校園的大學，招收來自世界各國的優秀學生。學生會在四年內移動到七個城市學習與體驗，包括舊金山、海德拉巴、首爾、布宜諾斯艾利斯、柏林、倫敦與台北。密涅瓦這樣設計的目的，是希望讓學生們接觸全球文化的多樣性，擁有解決當前時代最複雜問題所需的廣泛知識和實踐技能，除了培養跨學科的智能，也同時訓練生活技能、文化交流與適應能力。

　　學校不以傳統的考試來評量學生，而是鼓勵學生將課堂所學應用於生活之中。並且學生需要根據所在的城市，來完成作業內容。這樣的方式，讓學生不會只是單純移居到不同城市，而是需要真的與那座城市交流，並生活在其中。學習的項目也從傳統的領域改變為以有效解決問題為導向，例如批判思考、創意思考、有效互動、與複雜系統等。評量方式與課程進行，則是以思考習慣為核心，稱之為 HC（Habits of Mind and Foundational Concepts）。在課堂上提供學生足夠多訓練不同思考習慣的場景，讓這些素養真正可以內化為習慣，隨時可以用來處理各種未知的挑戰。而教授也根據這些不同的思考習慣，給予學生課堂中或作業應用上的回饋。

　　密涅瓦大學的創新模式引起了全世界新一波對於未來教育的辯論，《富士比》雜誌形容密涅瓦創造了一種新的跨領域學習標準，來養成學生應對未來職場所需要的決策能力。英國《衛報》則是稱密涅瓦是疫情發生後全球最具競爭力的大學。數字會說話，密涅瓦大學在 2019 年迎來歷史上的第一個畢業班時，他們的錄取率已經遠低於像哈佛大學這種傳統常春藤名校，成為世界上最難進的大學之一，而密涅瓦學生的表現也確實能撐起這個名號，他們在測驗批判思考、問題解決與寫作表達的大學學習評估（Collegiate Learning Assessment）中取得了驚人的成績，僅僅接受了八個月思考習慣HC訓練的密涅瓦大一新生，表現竟然比全美99％大四學生更好，說明了密涅瓦大學的學習設計既有用又有效，不僅補足了傳統知識學習的學用落差，更透過科學學習法，讓學生能夠充分學習移轉，應用到未知的領域。

　　密涅瓦大學，不僅是一所沒有校園的學校，也不只是一個線上課程平台，而是根據需求創造出一種學習體驗。藉由認識這所學校，讓我們可以重新思考什麼是我們所需要的現代高等教育，也讓我們看到了未來有不一樣的可能。

密涅瓦大學思考習慣訓練法 簡介及本書寫作體例說明

（#思考習慣#HC）

密涅瓦大學的基礎學習採用思考習慣訓練法（Habits of Mind and Foundational Concepts, 簡稱HC），認為未來的學習不是學知識，而在於培養應對未知的智慧，但學校或老師都不可能預知學生未來會遇到什麼未知的挑戰，因此關鍵在於養成學生有效決策的思考習慣，這些思考習慣會在你遇到問題時自動浮現，開始運作。訓練思考習慣的方法，就是反覆地刻意練習，為了方便學生和老師之間擁有討論思考習慣的共通語言，密涅瓦大學使用了在社群媒體上慣用的「#」作為象徵思考習慣的符號，要求學生在課堂討論、作業繳交，甚至論文撰寫都要寫出自己所使用的思考習慣，藉此深度內化這些習慣。本文中將採用和密涅瓦大學一樣的表達方式，在後文中談到密涅瓦大學的思考習慣時，都會使用#代表，例如#問對問題（#rightproblem）。

在密涅瓦大學的教學實務上，思考習慣可以說是核心中的核心，每堂課通常會專注討論1～2個思考習慣，當約

三到四堂課一個小主題結束後，就會有相關思考習慣的綜合應用，而學期中每堂課至少三次的大報告，就是綜合應用所有學過思考習慣的機會。在密涅瓦大學的課堂上，不只教學的單位是思考習慣，評分的單位也是，教授會從每堂課程的錄影回放或專題報告，來觀察學生是否具體地把這些思考習慣給用出來，並就學生應用的狀況給予1～5分的評分與評語，這也是素養式學習評量的一大特性，著重在你如何應用，而不是用一次性的考試來決定你是否學會。畢竟思考習慣或任何重要的基本概念都是用進廢退，因此在整個密涅瓦學習的過程，你都可以隨時拿某個思考習慣出來應用，然後請老師給你回饋，某個你常用的思考習慣可能到你畢業就被打了十幾次分數，而到後來你其實也不會真的太在意那些分數，但卻能在系統中看到你過去所有用到這個思考習慣的地方，還有教授評語，幫助你越來越熟練，當忘記時也能快速複習，回憶起過去的學習脈絡。

　　從另一個角度看，以思考習慣為主軸貫穿學習歷程，將會形成一種跟傳統教育非常不一樣的學習體驗，你會覺得課和課之間沒有隔閡，因為你在A課學的思考習慣，隨時可以用到B課的討論和作業中，甚至B課的老師還會直接問你那B課學的思考習慣Y，和過去學的思考習慣Z有什麼不一樣，而且一直到你寫論文時，你都可以不斷重新應用這些思考習慣，老師也會反覆給你評語看你是否有進步，這樣就讓學習跨越了學科，所有學過的思考習慣都成為武器庫中解決

問題的可用素材，你會感覺所有的學習都是彼此關連在一起的，甚至會從中發展出你獨特的思考或問題解決模式。

　　換言之，思考習慣取向的學習，是一種從踏進學校到離開都不斷在累積的知識體系，而不是像傳統教育中，每一個科目彼此之間沒有關係，甚至同一科的上下章節彼此也串不起來，然後考完試得到一個一次性分數後就完全還給老師。培養思考習慣是一種真的希望你能帶走學習成果的教學設計，不只帶走，還要你能綜合應用，甚至除了期待你綜合應用，更要能透過刻意練習，越用越強的學習方法。

CONTENTS

第一章
學習的理由

CONTENTS

第三章
問題解決，我學到的是——

第四章
複雜系統，我學到的是——

CONTENTS

第一章

學習的理由

描繪未來教育的模樣

—— 李佳達

菜鳥法務長的困境

　　A銀行法務經理地中海先生板著一張臉坐在暗紅色肖楠木長桌的對側，一言不發，不時用眼角餘光瞄著會議室牆面的時鐘，與其說氣氛是詭異的安靜，不如說是他刻意避免任何與我們的表情和語言接觸，深怕一不注意洩漏了自己的談判底線。

　　我和公司律師內心則是已經急得如同熱鍋上的螞蟻，但還是得硬裝出一副我們也無所謂的姿態，不過我們心裡非常清楚，如果不能在「下班時間」前鬆動眼前這個木頭人，下週我們公司將面對難以挽回的局面，最嚴重的狀況甚至有可能走向破產。

　　該說是幸運嗎？我出社會的第一份工作就受到重用，擔任資本額超過二十億的科技公司法務長。不過幸運背後是

更大的挑戰，因爲國際市場行情不久便急轉直下，我們公司也在生產過度、需求銳減的狀況下用光了現金，確定還不出下週要給聯貸銀行團的貸款利息，如果銀行團不願意修改貸款合約，延長我們的還款時間，那我們公司就會面臨貸款違約、信用破產，然後所有債務提前到期、被各方債主追債、難以翻身的境地。可以說我們公司兩百多人的生死，全都取決於眼前這位銀行團代表地中海先生的態度。

　　但老實說，從接下這個管理職開始，我心中就一直充滿著各種忐忑不安，因爲在職場上遇到的每一個問題和挑戰，都從來沒有出現在學校的法律教科書或課堂討論上。學校，是我們學習各種知識、花了最多時間的地方，但每每我們在社會上遇到各種未知的困難，想要試著搜尋過去在學校所學的作爲參考，卻往往回想不出任何有用的素材。從學校進入社會，就像是一個歸零重修的過程，那我們究竟爲什麼要花這麼多時間，去學未來根本用不上的東西呢？

　　我相信類似的場景，廣泛在社會各個角落發生，我們的教育眞的從本質上出了很大的問題。如果教育的目的是爲了讓我們培養應對未知挑戰的能力，無可諱言的，有許多基礎的、共通的部分已經失去了，甚至我懷疑根本沒有存在過。

　　把我推向密涅瓦大學的最後一根稻草，是號稱二十年以來最大幅度的教改「108課綱」，和同時來到我生活中的兩個新生命。面對我即將出世的孩子，我知道我無法信任現在

的教育能帶給她們面對未來的能力和勇氣，甚至更糟的，這個體制很有可能讓她們從小就浸潤在競爭和知識的傲慢中，失去了同理心的柔軟和適應未知的彈性。但若你問我未來教育究竟應該是什麼樣貌？我真的無法回答，這個時候，我偶然在公益平台嚴長壽董事長的書中看到密涅瓦大學的介紹，就決定來探探這所號稱致力於面向未來教育的大學，究竟葫蘆裡在賣什麼藥？

未來教育：學習應對未知的智慧

　　你大概很難相信，有一所新大學在第一批入學的新生還沒有畢業的時候，他們全球申請人數已經接近世界頂尖常春藤名校，錄取率甚至比哈佛大學更低、更競爭，但密涅瓦大學竟然做到了，這也象徵著未來教育的破壞式創新，可能會以你難以想像的速度顛覆原有的教育體系。

　　密涅瓦大學的創辦人班・尼爾森（Ben Nelson），曾在 2019 年第十九屆世界知識論壇中進行主題演講，一開場，他就向全場各領域的教育工作者問了一個問題：「在場各位覺得教育很重要的，請舉手。」沒有意外，全場參與者幾乎都把手舉了起來。「但我們真的有把這句話當作我們做各種決策的依據嗎？」他尖銳地指出目前全世界高等教育的兩大問題：教錯內容、用錯方法。

　　首先，教錯內容。班‧尼爾森引用蓋洛普公司的調查數據，只有11％的企業認為學校有幫助學生做好進入社會的準備，批評學校沒有教學生如何面對未知，也沒有教學生該如何將知識應用在生活和工作中。更糟糕的是，教學還用錯方法，大部分大學都只採用演講法加上考試，但這種方法早就被科學證明是無效的，通常學生在六個月後就會忘掉90％的內容。這就好像你買一輛車，如果你一開始就知道六個月內壞掉的機率有90％，應該沒有人會花錢買這輛車，但大學卻仍然繼續這樣教。

　　當我們把這兩個問題連在一起看，我們就會得到一個結論。我們在教育上花了大量的資源，用錯的方式，還教學生錯的東西，而社會不只仍然容忍這種教育方式，拚命把孩子往升學窄門裡擠，還對外宣稱，教育和學生是最重要的事。

　　那密涅瓦大學到底做了什麼來解決這些問題呢？

　　首先，教什麼？

　　密涅瓦大學認為，面對上述這些問題，單獨去解決任何一項都是錯誤的，必須要找到導致這些問題的根本原因，這需要回去思考學習的目的，要如何訓練學生面對世界難以預測的未知變化，還能做出當下最好的決策，關鍵就在於**學習移轉**（far transfer）的能力。在很多學習相關的研究發現，現在大學訓練出來的專業人才，也許在某個領域有很強的分析能力，但卻沒有辦法把這個領域的深度應用在其他地方，

當專家沒有跨領域和跨界的思考與溝通能力，創新就難以發生。而密涅瓦大學的解方，就是**透過訓練學生的四大決策思考力，建構起一個問題解決的基本思考框架**，這樣即使遇到完全未知的狀況，仍然有一套可運作的操作系統來應對。更關鍵的是，這四大思考力沒有標準作業流程或最佳解，但可以彼此補充組合，隨著自己的成長持續適應與更新。

這四大決策思考力分別是**批判思考**（Critical Thinking）、**創意思考**（Creative Thinking）、**有效溝通**（Effective Communication）**與有效互動**（Effective Interaction）。其中批判思考所學包括如何以科學思維分析一個命題或主張、如何權衡決策選項的得失。創意思考要讓學生學習如何多元發展想法和跳出框框來解決問題。有效溝通則是教寫作、演說和表達呈現，有效互動則是訓練談判和團隊合作。

除了訓練學生這四大決策思考，還要讓學生進一步思考**如何將這些能力應用在不同的問題場景中**，協助學生真正獲得在各種複雜狀況都能快速適應環境的反應力。

密涅瓦大學所有理念背後都有科學研究支撐，更用實際行動證明他們的主張和方法有效。美國許多名校和大企業都在學生畢業前鼓勵學生進行 CLA（The Collegiate Learning Assessment）測驗，CLA 和傳統單純的語文或數理測驗不同，主要在測試學生的四大能力，包括**批判思考、論證分析、寫作溝通及問題解決能力**，剛好也是密涅瓦大學和實務

界最看重的核心能力。當密涅瓦大一新生接受了八個月的四大決策思考力訓練後，結果竟然贏過了99％的全美其他學校大四學生，這就代表著密涅瓦大學的學習成果，真的實際有效。

再來，怎麼教？

密涅瓦大學採取完全主動學習（fully active learning）的翻轉教室，透過學校打造的學習平台Forum，每堂課都是小班19人以內的線上討論課，學生要在課前讀完所有的素材，在課堂上進行多元的討論，透過即時測驗、分組討論、辯論等各種教學活動設計，讓所有學生都參與在課程中。這樣的主動學習效果，經過科學的研究，就算兩年後學生仍然會記得70％以上，**在學習效率上至少是原來演講加上考試的七倍以上。**

而除了課堂上的學習，就像前面所提到的，密涅瓦更重視學習移轉，也就是讓學生學習在不同的情境下，去應用這些四大核心能力的技巧。想要真的能夠適應不同的情境與文化，必須靠親身實際的體驗，因此密涅瓦大學推出了全球最具野心的世界性大學構想，讓學生除了第一年在美國舊金山生活，其他時間會分別前往全球其他六個城市，體驗不同的文化衝擊，還要應用所學解決所在城市社區的實際問題，七大全球校區包括了**德國柏林、阿根廷布宜諾斯艾利斯、韓國首爾、印度海德拉巴、英國倫敦以及台灣台北。**

　　如果讓我們來小結一下密涅瓦大學對於未來教育的具
體實踐，首先，未來教育的重點在於培養應對未知的決策
智慧，未來學習的主軸在養成學生問題解決的四大決策思考
力：批判思考、創意思考、有效溝通與有效互動，並透過跨
領域的案例研析和跨文化的生活環境，讓學生建立起學習移
轉的主動性，這樣不管未來學生遇到什麼未知，都不會慌了
手腳，而可以有一整套的思考習慣來應對，兵來將擋，水來
土掩，還能持續改善進化，而這一整套的思考習慣背後有一
條非常明確的學習主軸：決策。

決策，是一切未來學習的核心軸線

　　密涅瓦大學認為前面所提到的四大決策思考力，批判思
考、創意思考、有效溝通與有效互動，都是學生後面銜接各
種專業科目學習的基石（例如人文科學、自然科學、電腦科
學、商業），也就是大一所學的核心決策思考方法，仍然會
不斷在大二到大四的課程中出現，並且帶入學生選修的專業
場景來應用，因此當學生四年畢業之後，他們得到的不是修
了一百學分的列表，而是刻意練習了四年的決策思考習慣。

　　那決策能力究竟該如何培養呢？在批判思考的系列課程
中，第一個主題是「學習如何學習」，這是我們過去教育最
缺的一塊基石，如果不能了解人是怎麼學習的，還有怎麼學

習對自己才有效，後續不管學什麼都可能是在浪費時間。

　　打好學習的基底，接著要訓練的是決策的思維方式，這裡會分成兩條路徑分別強化兩種分析問題的邏輯能力，第一種是「形式分析」（Formal Analysis），從演繹邏輯出發，學習各種不同的演算法、資料統整與分析表達，練習建立統計模型和進行趨勢預測。第二條路徑是奠基於歸納邏輯的「實證分析」（Empirical Analysis），由複雜問題的架構分析入手，學習如何有效定義問題，以科學思維形成假說，設計有效的取樣與實驗方法進行驗證。

　　有了基本的研究方法和資料分析處理能力，決策思維的最後一關是要學習人類普遍的思維偏誤（Bias）有哪些類型？通常是如何產生？畢竟任何決策最大的盲點，往往都是來自於自己，決策的品質跟人生經驗的歷練有著絕對的關係，隨著自己的成長，我們該使用怎樣的工具來檢測自身的偏誤和盲點，發現之後又該如何進行有效的「掃盲」和減輕思維偏誤所帶來的非理性思考。

　　到這裡，基本決策思考訓練大概完成一半，有些人可能會感覺這些內容很像研究所最基礎的研究方法課要教的東西。你的直覺沒錯，不過我發現包括我自己在內，大多學過研究方法的人，都沒有真的把這些技巧用於日常決策中，我們在學校學習的時候其實就預設所學跟我們無關，最後白白浪費了那些挑燈苦讀的夜晚。

　　暢銷書《超速學習》的作者史考特・楊（Scott Young）就曾在書中寫過一個有趣的案例，他有一次在賭場認識一群會計師朋友，他好奇地問說，「你們的專業會不會讓你們很難享受賭博的樂趣？」會計師們聽到這個問題完全不明所以，但史考特真正的意思是，會計師一定都受過完整的統計訓練，因此也會知道在賭場設計下想贏莊家幾乎是不可能的任務，不過他們卻仍賭得樂此不疲，除非打從心底享受賭博這件事，不然就是他們受過的專業訓練在日常生活的決策中，完全沒幫上忙。

　　事實上，直到我自己上完密涅瓦相關課程，我才驚覺，這些決策思維背後的科學方法，其實應該是早在我們國小時就該試圖讓孩子們學會的東西，但為什麼我們無法把小時候的自然課作為理性決策思維的基石？回想起學校體系中的實驗課，自然習作中的假說從來不是我們自己提出的疑問，所有實驗結果的數據和圖表都有著應該有的長相，反而做不出來才會是一件奇怪甚至丟臉的事。換句話說，過去在學校的我們從來不是因為帶著好奇心想去驗證些什麼，或想去找到某些事物背後的規律，只是想重複過去學生做過的事交差，甚至一直到我學習了各種數學上的統計技巧，想的也只是考試要及格。竟然從來沒發現，學習這些知識的真正目的是增加我的決策能力，甚至幫我應對未知的挑戰。

不理解系統，就無法有效決策

　　說到這裡，你應該會很好奇，剛剛不是說前面還只完成了決策訓練的一半嗎？那另外一半是什麼？這就不能不提我最佩服密涅瓦大學課程設計者的部分，也就是密涅瓦大學課程設計背後的世界觀：**複雜系統**。

　　密涅瓦大學的四大基礎訓練中，批判思考在建立決策問題分析的完整性；創意思考在提供選項與解方，但這兩者都還偏重在個人的決策思考。有效互動和有效溝通則是側重透過人際之間的連結來創造問題解決的環境與動力。不同於一般課程設計，**密涅瓦大學並不是直接教學生溝通對話、談判策略和團隊合作，而是先讓學生了解什麼是「系統」**。

　　在心理學的關係學派中，認為人與人的最小單位是2，也就是關係。「自我」的形成來自於我們在人生中用不同角色和別人互動所感知到不同的自己，例如我的角色有兒子、弟弟、父親、丈夫、老師、學生等，我的自我認同便來自於我用這些角色去和其他人互動，所形成的經驗總和。那為什麼會有人際問題的產生？通常來自於關係中對於彼此的角色有期待落差，久而久之形成一種固定的互動模式，而讓衝突加劇難以調和，而若關係中的相關人沒有意識到彼此僵化的行為模式，那問題就不可能被解決。

　　當使用理性分析工具久了，我們會忘了人除了是理性的

動物，更是關係的動物。你所處的關係網絡對你的影響遠比所學的知識來得大，因此若沒有理解問題所在的系統結構，也就不可能創造有效的互動和溝通，這也是許多溝通和談判課雖然提出了某些公式化的解決方案，但當學生真的回到自己的關係中，仍然難以應用的原因。

　　理解了這一層，再回來看我之前面對和銀行代表的談判僵局，一切就更加清晰了。在談判前已經和公司財務長擬定了一份具體可行的還款計畫，公司律師也信誓旦旦用金融海嘯中「大到不能倒」的經驗說，當你欠銀行一千萬，是你的問題，但若你欠銀行幾十億，那就是銀行的問題了，銀行為了怕這筆帳收不回來造成巨大虧損，肯定會盡量配合。

　　但情勢卻遠不如我們想的這麼樂觀，銀行團的主談代表地中海先生堅持不肯同意公司所提的還款方案，但也不願意說該怎樣修改他才會接受，雙方就這樣耗著，看著時間一分一秒地流逝。但如果今天不能完成修改合約的談判，開始跑修改合約的流程，我們下週錢還不出來就必定違約，引發後面一連串的公司信用危機。幸好我們的財務長是個老江湖，猜到了地中海先生一直不願答應的原因。銀行確實是擔心我們還不出錢要承受的巨額損失，但由於公司是和總共七家銀行進行聯合貸款，而負責來談判的是主辦銀行法務經理，主辦銀行是政府擔任大股東的公股行庫，工作人員都生性保守，具有傳統的公務員心態。地中海先生擔心目前我們還款

方案中大多數的監督責任都落在主辦銀行身上，而他就會是修約後主要負責監督我們公司按時還款的人，之後如果我們公司還是還不起錢，變成他要負責和其他銀行交代，秉持著多一事不如少一事的心態，這才百般刁難，只要熬到下班，對他來說就解脫了。

　　當理解了這一層系統關係，我們幾個公司高管馬上重新和律師制定了新的方案，納入了其他銀行委派的代表一起監督還款計畫，來分擔主辦銀行的責任，不只讓銀行團感受到我們的還款誠意，更減輕了地中海先生和他底下團隊的工作量，終於趕在下班前讓地中海先生點頭，挽救了公司的一場危機。這次的經驗讓我深刻體會到：有效的互動和溝通絕對不能只靠單方面的想像，在自己腦中計畫得再美好都沒有用，必須去了解系統中每一個參與者的動機以及成員間的互動模式，才是決定互動策略的關鍵。而這一切的訓練，密涅瓦大學的學生不需要和我一樣經歷過驚心動魄的公司保衛戰（還得剛好團隊中有個老江湖），就能從大學的核心能力訓練中建立起相同的決策觀，實在令人羨慕。

　　在課程中，我曾經問過一位密涅瓦大學創始團隊的老師，問她會不會鼓勵她的孩子來念密涅瓦大學，她的回答還滿符合開明父母的標準答案：「看她自己的興趣啊！」不過後面加了一句但書，卻直接回答了我來密涅瓦大學心中想找的關於教養的答案，「但不管她最後會不會選擇念密涅瓦大

學，我都會在她念大學前，讓她養成密涅瓦大學所教的決策
思考習慣。」我相信未來教育的重點，在於提供學生一套應
對未知的決策思考架構，並且學習如何從不同的系統觀點來
理解人與人之間的互動關係，以做出更好的決策，而這樣的
決策訓練將是未來不分齡、不分科系都必備的生存能力。

這一次，我想選一條
康莊大道到不了的路

—— 劉劭穎

vs. 傳統教育

如果問我為什麼要讀密涅瓦碩士班，原因可能無法三言兩語說完。但可以肯定的是，過程中很多時候都很想要放棄。

當初是先跟佳達學習大歷史跟決策思考力（素養導航）課程，也聽說了密涅瓦這間學校。說實話，一開始對於要研讀的內容並不是非常清楚，只知道是用來分析問題、解決問題。跟傳統教育不太一樣的地方在於，它並不是以學科來分類，而是以實用的角度來分類。

因為一參加就要投入不少時間跟精力，而且我的英文閱讀能力也比不上聽力，所以其實充滿了猶豫。就在猶豫不決時，佳達跟我說，就算是來體驗他們的課程設計跟上課方式，也很值得。

於是我找到第一個原因是，身為一位教學型的主治醫師，我可以體驗後，應用在自己的課程與醫院中。

不過除了體驗課程設計與帶領之外，有時候我還是會想為什麼要學這個？像是我們需要學習多種的演算法，並且也需要學習寫程式跟背景理論。雖然我很喜歡上課的過程，也很喜歡帶領的教授，但是當作業一直卡關，或是課前閱讀覺得是在讀天書的時候，這種疑問就不禁又跑出來。

後來我發覺，這種情況也許不少見。

有時在企業內或醫院內辦課程時，會遇到學員不知道為什麼要來上這堂課，甚至連這堂課的主題都不知道。有的就算知道，開始上課前卻是一副人生索然無味，我不想坐在這裡的樣子。

更令我印象深刻的是，有一次在課堂中請學員們分享彼此的興趣，居然有人說他不知道自己的興趣是什麼。

回顧過去的求學之路，我們很少被要求做決定。國小、國中、高一學的東西都一樣，直到高二才需要選擇要讀自然組或社會組。然後高三一畢業，就又迎來第二次決定，要讀哪個科系、哪一間學校。

身為學生，我們從來都只被要求按照學校進度，學校教什麼、考試要考什麼，就是我們要學的。我們並沒有被要求探索自己的興趣，也不知道為什麼要學這些內容，只知道「考試要考」。

　　少數同學也許很清楚自己想要念什麼，家裡也支持。但大多數的學生卻是茫茫然，不知道自己喜歡什麼，也不知道過去學的這些未來是要用在哪。

　　這也許是我不太知道為什麼要學習某些內容的原因。

醫師養成教育── 一條長長直直的路

　　當初在醫學院時，我們有五年的時間待在學校，第六年到醫院見習，第七年則是當實習醫生。我在學校的時候成績一般般，對自己的要求就是不要有任何一科被當就好。

　　回想起當初大一大二在學校的大講堂上課時，看著艱澀的原文書，像是有機化學、生物化學等，就像在看天書。不只是全英文，內容也很難理解。更重要的是，我還是不太清楚為什麼要學這些，只知道這些是必修，是基礎理論。

　　每次都是期中期末考前，拚死拚活的讀共筆，還有學長姊留下的考古題，但是這些內容我早已忘得差不多，只剩下翹課在球場打球的畫面。

　　到了大六，分配到台大見習，我的世界好像有什麼被打開了，突然變得很投入在學習中，成績跟知識也進步很多。那時候的我跟同學都不太理解為什麼我會有這樣的轉變。直到後來，我才知道原來因為見習的關係，會看到實際的病例，也需要跟病人接觸。

因為知道有用，於是才有了動力。有了動力，學習就變成主動的行為，而不像過去只是為了畢業及格而念。

我常對別人比喻，醫師養成之路很像一條長長的直線道路。相較於我其他非醫學的高中或國中同學，過程中我們不太需要做很多選擇。畢業時需要考過醫師國考，大家都一樣。考過後，要選擇一個專科，到各個醫院去面試住院醫師。選擇專科，大概是我們這條路上比較大的抉擇。住院醫師訓練的內容跟年限也大致是固定的，我們就是按照規畫，一步一步精進，雖然辛苦，但不太需要為自己做太多決定。

等到住院醫師訓練完成，最後一道關卡就是專科醫師執照。經過辛苦的三年訓練後，也順利考到急診專科執照。

不過考到執照的興奮很快就消失不見了。原本住院醫師需要一週去好幾次的晨會討論也不用去了，沒有人會盯你要學什麼。突然覺得自己好像一隻在動物園被關了很久的獅子，突然被野放到大自然。

考完專科醫師，接下來人生就沒有目標。一直以來長長的路，就這樣到了一個終點的感覺，身旁沒有人，只有風沙沙地在吹。

有一段時間過得像是行屍走肉般的生活，上班很累，下班很廢。放假的時候常常不知道要幹嘛，沒有人會管你，只好看動漫或是打遊戲打發時間。

我想要做什麼，我居然不知道。回想過去一路的求學跟

醫師養成訓練，好像也不常有人問，而我也不常想。

自我價值的衝擊：輸是需要練習的

　　另一個想放棄的理由：我得到的那幾個 1 分。

　　我有機會回家時，都會跟外甥女一起玩桌遊。她現在小學一年級，有時候會跟我們一起玩，有時候會選擇當小幫手。那天玩桌遊到一個段落的時候，她突然說她國文考 100 分，我反射性地稱讚她說好棒。不過沒想到，過了一會兒，她撇過頭去，小小聲地說：「可是數學只有考 70 幾分……」

　　那個當下，看著原本還很活潑，但現在已經轉成側身的她，我才發現好像有哪裡不太對，於是在腦中遲疑了幾秒後，趕緊說：「70 幾分也很棒！」雖然我對於這樣的讚美有點不確實感，因為不知道實際是哪裡棒，不過也讓我開始思考：那 100 分的國文又棒在哪？

　　密涅瓦的碩士班每週上課四天，上課過程本身很有趣，基本上都是教學活動在串接。學校自創的課程平台使用經驗也很好，很流暢，也有很多實用又亮眼的功能，是目前體驗過最好的。

　　不過課前準備跟兩門課每個月一次的大報告就很痛苦，課前都要花好幾個小時來閱讀跟準備。同學來自世界各國，

但都很厲害，很容易就跟上教授的提問和課程中的活動，而且作業都很快就搞定，彷彿不是什麼挑戰。

上一次感覺這麼不如人，應該是高二的時候。國中國小時期，因為運氣好，我都滿容易駕馭。但是高一就開始慢慢感覺到差異，到高二就更比不上同學，尤其是高中英文。說實話，那是我第一次明顯感覺到不如人。

第一學期碩士班兩門課程的教授，風格非常不同，但都很令人喜歡。一位是嚴謹的認知心理科學領域女教授，上課節奏掌控很棒。回應引導也很棒，會給予鼓勵，但同時也會釐清與補足，邏輯清晰精準，但又溫暖，不過很讓人痛苦的是，報告給分很嚴格。

報告給分不像傳統是根據學科，而是根據密涅瓦所設定「面對問題」「解決問題」需要的基本能力來給分，例如問對問題、差距分析、科學學習法等。一份報告，老師會針對該段落要練習的思考習慣來給分。分數從最低的 1 分，到最高的 5 分，通常得到 3 分算是一般標準。

上學期我從比較嚴格的教授拿了不少 1 分、2 分。對我來說真是不小的打擊，看著紅色的 1 分，又回想起那種不如人的感覺。

反過來，另一堂形式分析課的男教授，對於寫程式跟統計都很有熱情，上課方式也很自由，心態也很開放。相較於另一位教授，我在這門課報告的得分就明顯高很多，有時候

會得到 4 分。不過因為他的人設，我預設他給分標準也比較寬鬆，於是我也並沒有覺得自己做得好。

所以我是好還是不好？1 分也是我、4 分也是我。所以我是好還是不好？

雖然評分還是有一定的標準，但是確實有一定程度的主觀，也受個人風格影響。就算是出考題有正確答案，也可能有出題偏難的老師，也有出題偏簡單的老師。我忽然明白這些出題評分標準的不確定性，居然會影響到自我評價。如果我們認為分數高，就代表價值高；得分低，就感覺價值低。

只依靠得分這個標準來當作評價自己或他人，實在是太恐怖的事，因為出題或評分標準實在太容易陷入主觀跟不穩定。所以外甥女國文考 100 分很棒嗎？我其實不知道。數學考 70 分不棒嗎？我也不知道。可能會想說跟其他人比？那只要身邊的人改變，我們的價值就跟著改變？這樣的系統也太不穩定了。

有一次去高中教 CPR 時拿到一些學生的回饋紙條，其中有一張是：「希望你會喜歡我們。」我隱約可以猜到是哪一位同學寫的，是一位性別氣質有些偏中性，活潑可愛、上課也很投入的男同學。

這間高中並不是傳統中排行在前面的高中。我不禁聯想到為什麼我去教急救，他卻會寫這句話給我，難道這一路的求學，只要成績不好，就不會被喜歡了嗎？

　　我在碩士班的痛苦經歷只有幾個月，但是對成績不好的學生，則是一年又一年。我實在難以想像他們遭受的痛苦，而且我還有機會選擇，但他們卻很難逃出這個系統，只能日復一日煎熬著。

　　我很慶幸高中就開始跟不上同學，大學也重考，如果一路在求學都很順利，我恐怕會有更深的錯覺認為自己什麼都行。即使這樣，還是深深被分數制約，得高分時表示我很棒，得低分表示我很爛。

　　不只大人需要練習，小朋友也需要練習。

　　有時外甥女在玩遊戲快輸的時候，會逃避或是「調整規則」。有一次我們讓她，她贏了之後我們稱讚她很棒。我姊在一旁就說，贏了很棒，輸了也很棒，而且也提到我們其實不一定要讓她。我才發覺我把自己看待輸贏的態度，套用在她身上。我們如何看待輸贏，就會影響孩子如何看待輸贏。所以我們都需要練習輸，可以從贏獲得成就感，又不會因為輸而貶低自我價值感。

　　WIN 不等於 WINNER，LOSE 不等於 LOSER。

　　我的外甥女才小一，她轉過身那個側臉讓我很難忘懷。成績這件事在現在就已經帶來影響，而這才是她學校生涯的開始。我們需要更多機會練習輸，與提供更多贏的機會。

　　我在 1 分與 5 分之間的衝擊，更認識了自己。而更認識自己，就更能理解別人。當參與密涅瓦讓我想放棄的時候，

這之中的體驗，反而成爲我爲什麼想參加的原因之一。

學校、同學跟老師所帶來的衝擊

除了體驗課程設計之外，另一個會選擇就讀的理由是希望開拓自己的視野。我記得開學典禮就聽到一句讓我印象很深的一句話。其中一位教授在歡迎我們之後，按照慣例就是要新生自我介紹，但自我介紹的內容，除了是姓名跟所在地之外，還要分享我們可以爲這個班級帶來什麼貢獻。

我當時剛好在視訊窗格中是第一位，於是就變成第一位要分享。不過一時沒想到會有這種問題，愣了一下之後，我就說：「我的貢獻就是我不會放棄或退出。」現在想起來眞是好傻好天眞，不過也讓我體會到文化上的差異。

雖然西方文化比較偏向個人與自由主義，但是爲了讓大家都能有更好的收穫，於是每一個人都應該要有所貢獻。雖然乍聽有種群體爲重的感覺，但其實意思是如果你沒有貢獻，那不如找另一位更有貢獻，可以讓「每一個人」都更有收穫。

東方則是相對偏向合群跟不主動表現，我們在課堂中或工作場域，大致上是以不出風頭或不過於主動表達自己的意見，不過有時候討論或會議，反而有可能因此變得流於形式。

　　另一個可以開拓視野的，就是來自不同國家跟職業背景的同學們了。我們這一屆有俄羅斯、印度、韓國、日本、新加坡、大陸、美國和台灣，要將這麼多不同時區的同學一起上課著實是個挑戰。不過課程設計的關係，一班人數也不能太多，於是我們最後分成兩班，一班8～9個人。

　　課程採取幾個教學活動串接的方式進行，我們在課堂中會隨機跟不同同學一起分組討論好幾次，有的報告也會跟同學一起合作進行。

　　因為這些多元背景，在討論時常常可以聽到世界各地正在發生的實際案例，像是去年美國總統大選、舊金山的遊民問題、印度的種姓制度、新加坡的COVID疫苗分配策略等。這讓課程變得更有深度，也讓眼中的世界好像變得更立體。而這些課堂中的激盪，經由教授的帶領跟課程的設計，再加上學員間的交流，這是傳統單向講授很難體會到的學習體驗與收穫。

　　當然過程中並不是全然沒有疑惑，每次在交作業前焦頭爛額時，常會想說還要不要繼續讀。

　　不過一交完報告，開始上課時，又覺得上課好開心。再加上看到有些同學說寫報告寫得很開心，或是很有好奇心跟求知慾的同學，也會受他們影響。另外雖然課前準備真的很吃重，但是與時俱進的實際案例討論，讓我除了感覺這間學校一直在進化，同時也更知道這些內容可以如何應用。像

是COVID-19的一系列討論，還有過去都是虛無飄渺的倫理學，可以如何從實用角度出發。

　　除了內容，我也從教授們身上學習到很多，也讓我重新審視作為一位教學者的角度。

　　上課時需要按照課程設計帶領流程，要引導學員回答，要適時補充或指正。要針對課前作業、課程中的錄影發言及文字回答給予評分跟回饋，還要給我們的報告評分與建議。老師的角色除了是傳統的講授者，同時也是引導師；需要控時與掌控流程，給予專業回饋建議，同時也不忘鼓勵同學。

　　我想這裡的教授跟文化，也是讓我為什麼會這麼喜歡密涅瓦大學的原因。

成爲面向未來的領導者

—— 黃禮宏

「你現在四十歲，正是工作跟家庭都非常繁忙的時候，爲什麼選擇在這個時候再去讀密涅瓦的決策科學碩士？」

我是好奇心很強的人，自我介紹時常說自己的興趣很廣泛，但從沒有認眞去算過到底多廣泛。三十八歲那年因爲和朋友合辦了一場小型職涯講座，我算了算自己說得上會的技能大概八十幾種，若進一步以「有人會願意爲這項技能付錢」作爲標準，盤點了自己所會的東西，也還有大約四十多種！要有人爲你具有的能力付錢沒有想像中那麼難，但願意付多少錢就是重點了。經過盤點，除了我實際用以謀生的銷售、語文、國貿、行銷之外，其他幾十種技能多半都只值基本時薪左右。當時的我很困擾，附加價值這麼低，會那麼多眞的有意義嗎？但如果我就是喜歡這麼多事情，有沒有什麼方法可以提升整體的價值？

在這個時期，我認識了佳達、參與了他所開設的決策思考力（素養導航）和大歷史課程，也對他正在就讀的密涅瓦大學碩士班充滿好奇。同樣是興趣廣泛，為何我的能力各自沒有關連，學了一堆但彼此分散、沒有綜效；佳達身上會的各種知識與能力卻能互相效力、彼此深化，組合出擊有效解決問題？

好奇心強的人在只要求標準答案的求學過程是很痛苦的，當我知道密涅瓦沒有標準答案、不追求死背和分數，而且打散所有學科，著重在培養解決未知問題的素養時，我想知道這是不是我心中理想的教育樣貌，是我想要讓兩個女兒未來也可以接受的教育，最好的方法就是親身體驗一遭。

作為一個徹底的行動派，決定申請的當週，就立刻把資料填好送出，第一年連第一關都沒過並不意外。接下來的一年裡，我讀了更多跟密涅瓦相關的介紹，也因緣際會認識了正在就讀密涅瓦大學部的台灣學生們，看到這些人才二十出頭，思考的深度、廣度，與世界接軌程度都令我震驚，更確認這是我想讀的，而第二年也如願錄取，在 2020 年 9 月成為密涅瓦決策科學學程的一員。

這個學校的特別之處，我想用在密涅瓦面試人和被面試的經驗來分享。

最後的面試官：學生

有一天下課前，老師說隔天的課會有一位新老師來試教，她只在課堂上做遠距教學的技術支援，實際的課程進行由新老師來帶，課後要請各位同學填寫問卷來提供給校方回饋，作為是否錄用這個老師的依據之一。學生如果認同你，不代表你會被錄取；但學生如果不認同你，你一定不會被錄取。

印象中，從小到大讀過的學校，新老師若要「試教」，不是對著幾位校方安排的評審、對著空氣、不然就是安排幾位學生坐在台下「扮演學生」，還沒有體驗過由學生來參與評估的經驗。

在我的求學經驗中，學生並不會直接參與學校的決策，大到學校的未來走向、小到一位老師的聘用，在以往這都不是學生的事，我們只管接受就好。「學生不懂，也不需要懂學校經營，好好讀書就好」似乎是一種大家都認同的默契，但如果我們要培養學生面對未來、解決未知問題的能力，那麼協助面試教職員難道不正是一個非常好的訓練機會嗎？

要知道，密涅瓦的師資陣容強大，能加入的老師其學經歷多半相當驚人，他們原本幾乎都已經有很好的工作，因為認同密涅瓦理念，想參與打造心目中的教育而加入。這一關對於新老師來說是一個震撼教育，體會所謂的「以學習者為中心」是玩真的。更重要的是，這段過程對老師跟學生來說

都是非常好的訓練：老師在評估我們，我們也在評估老師，評估的主題是「未來我想不想跟他一起學習」。

這讓我回想起 2019 年第一次申請密涅瓦但未獲錄取時，看到他們正在徵駐台北的城市體驗經理，那時立刻跑去應徵，除了覺得自己曾經做過數年的青少年輔導工作，可以勝任這份工作之外，也想著如果被錄取當工作人員，那之後要申請碩士班應該更有機會吧。一路通過了課程經理、人資、心理師的面談，想不到最後一關不是跟行政主管或校長談話，而是分別和三位即將升大四的學生線上面談！最後我雖然沒有得到這個職務，但更確定這就是我想要念的學校，因為那三個大學生面談時問我的問題，程度不亞於我所接觸過的九成面試官。

寫下這篇文章時正好讀了將近一年，在這一年裡除了覺得靈魂充分伸展，讀得很開心之外，也對工作和生活有實際的幫助。

自然而然就用出來的思考習慣

自從 2020 年年初 COVID-19 疫情開始席捲全球後，世界各國紛紛關閉邊界，停止核發簽證，這使得重度仰賴實體互動的外銷製造業成為了重災區。客人進不來，當初接的單無法驗收，卡在廠內出不去該怎麼辦？

　　問題發生時，我已經接受了密涅瓦一個學期的洗禮，透過運用在密涅瓦學到的素養，拆解這個從來沒人遇過的問題，快速開發出低成本、有效、又簡單的遠距驗收流程，使我們在疫情爆發後一個月左右就站穩腳步，在 2020 年業界普遍衰退 30％以上的慘況中，不僅沒有衰退，還繳出了微幅成長的好成績。

　　首先是問對問題。遠距驗收的目的是「在線上做到跟現場驗收一模一樣的事」嗎？如果是這樣，我們就要把所有的事情在線上重現。於是一開始我鎖定的解決方案是智能穿戴裝置，例如智慧眼鏡，讓戴著的人當客戶的眼睛，所見即所得。但在兩週後，我發現這個解決方案有幾個問題。首先，成本相當昂貴，一套眼鏡加上軟體，國內外的各種方案都要至少數萬台幣；第二，需要學習如何操作。我所在的傳統產業，具有決策權的人通常有一定年紀，對於新資訊產品的接受度不高；第三，畫面體驗不佳。取景與構圖是一項專業，眼鏡戴在頭上號稱「所見即所得」，但在隔著螢幕看的觀眾眼中，就是不斷甩來甩去、晃來晃去的畫面，看起來相當不舒服。在安排了一家新加坡廠商親臨 DEMO 後，我們評估這個方法是可以用，但不夠好。

　　於是再度回到問對問題。我們的目的真的是讓客人看到我們眼睛所看到的嗎？還是其實是要「讓客戶得到評估驗收是否通過的必要資訊」？當問題改變了，要做的事情也改變

了，我們不再受限於重現實體驗收的框架，開始有不同的創意丟出來。

接著我們考慮有哪些因素是現階段沒辦法克服，而是必須遵守的？我們把「成本」「操作複雜度」「畫面穩定度」歸在這一類，因為沒辦法為這個新增的驗收流程向客戶收額外費用，作法上以盡量不增加成本，或最起碼花一次錢可以以後一直使用的方向為主；由於客戶年紀偏大，且對資訊產品接受度低，操作複雜度越低越好，最好是客戶不用學新器材、新軟體，只要用他現有的電腦或手機按一個鍵即可。畫面穩定度是基於每次驗收過程至少 1 小時以上，穩定的畫面看起來比較不容易累，也會連帶影響參與者的情緒。

在這樣的新框架下，我們原本想用多支視訊鏡頭即時多角度呈現機器的驗收實況，但視訊鏡頭如果要多機呈現在同一畫面中，會需要連接電腦並透過特殊軟體來進行。一旦連接了電腦，很難把整組設備架到需要的各個角度，買多台電腦牴觸到「成本」這個限制條件、使用特殊軟體則牴觸到「操作複雜度」這個限制條件。

卡關時，回來看看問題是什麼。要多角度呈現、要整合畫面、要簡單易操作，這時看到手上的手機……啊！原來方案就在眼前。最後我們生出來的「多支手機＋腳架＋會議軟體」的組合方案，手機本身可以上網、可以進行線上會議，每支手機用腳架固定好，放在需要拍攝的角度，由主控者依

照驗收進行的流程切換畫面，客戶只需要用手機或電腦，點下我們傳給他的連結，就可以輕鬆欣賞我們安排好的即時驗收大秀。

我們進一步將驗收時需要做的事拆解成建立信任感、協調驗收標準、展示機器外觀與功能、連續成功加工數件、量測實況、量測報告、微調修改、結案會議等環節，每個環節由同仁發想如何在線上提供最好的體驗，並在後續依照客戶的回饋持續修正。

當客戶發現他們不用遠道搭機而來，不用每天往返於旅館和工廠間，注意力可以完全只放在跟工作有關的事情上之後，回頭看原本的實體驗收，也就是在受疫情影響之前整個製造業認為不可取代的、最棒的方式，現在有越來越多客人表示我們的線上驗收太有效率了，效果甚至比親自來現場看更好。因為驗收過程中有會議軟體全程錄影，他們不需要在當下分心做筆記，只需把全副精神放在檢視跟討論上，後續如果需要向上級報告時，難以用口頭或文字描述的內容，可以直接附上影片或截圖，整體的成效比以往更好。

這是一個過去沒人處理過的問題，我們不到一個月就做出幾個方案並測試出最適合的一個，並且在整個過程中很清楚自己在做什麼，隱然有一套素養的作業系統在引導著我。

能拿出來用，才是你的

2021 年 4 月和工程師一起出國安裝機器時，我已經在密涅瓦接受了兩個學期的洗禮，走過了邏輯、統計的打底，開始進入演算法的課程。

非機械科班出身的我，以往的角色主要是口譯，負責協助工程師和不同文化下的客戶溝通，工程師處理技術，我處理商務與談判。但這次出差中我的角色有點不一樣。

在最後微調時有一組零件的角度調整有點麻煩，需要從幾個零件的距離換算出角度，客戶廠內的距離量測工具單位又是我們不熟悉的 0.0005 英吋，而非 0.01 公釐（一英吋等於 25.4 公釐）。只見工程師一直反覆按著計算機，每調整一點點就要換算加驗算一兩分鐘，工作的流一直被打斷。

以往的我只能乖乖在旁邊看，或者觀察到客戶不耐煩時趕快找話題轉開他的注意力。但這次我下意識地打開電腦，寫了兩行簡單的 code，請工程師直接告知需要改變的角度，程式就可以瞬間算出需要調整千分之幾英吋。這個小小的動作只用了不到 2 分鐘，但卻讓原本可能要超過一個小時的微調，縮短成不到 10 分鐘就完成。

當我做完時突然嚇到：我並沒有意識到我在寫程式！我也沒有意識到我做了哪些邏輯、換算、溝通，只是看到眼前有個問題，然後之前學到的所有東西就突然湧現出恰好合適

的解決方案。

　　每天上課我們都是在「用」知識，透過書寫、問答、分組討論、辯論、個別或集體創作等各式各樣的活動，多元的反覆刺激大腦形成新連結。在形式分析的課堂上，有一種活動是老師給一個題目，全班十幾個人一起在同一個視窗裡寫程式想辦法解決，超級好玩。

　　因為每天都在「用」而不只是在學，實際將過往與現在的所學結合來解決問題，即使當時微調機器的場景跟上課時的練習非常不同，但遇到問題當下就很習慣把所學用了出來。天哪，這不就是我們做任何學習都最希望達到的學習移轉（far transfer）嗎？

調適型領導者

　　依照密涅瓦大學官方網站對於這個學程的簡述：「決策科學碩士是一個獨特的課程，專為世界各地不同領域的新興專業人士而設計，成為能夠解構問題、解釋複雜數據並設計有效解決方案的調適型領導者（adaptive leader），以推動任何部門的有意義改進。」

　　這是我認為未來領導者的樣貌，也是四十歲的自己希望透過這個課程成為的樣子。

第二章

批判思考，我學到的是──

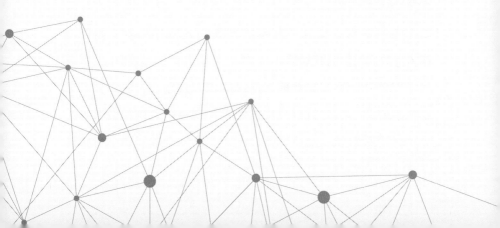

不知道象的全貌，
就派更多人來摸

── 李佳達

批判思考的目的，在促進更深刻的對話

回想在我受教育的過程有沒有接觸過批判思考，第一個跳出來的回憶大概是辯論社的經驗。為了辯論比賽，我們學了很多批判對方論點的方法，想的都是如何駁倒對方贏得比賽，甚至我就曾經好幾次把對方辯友逼到啞口無言，在台上眼淚都掉了出來，這麼做在辯論圈非但不會受到指責，甚至還能因此受到崇拜。

由於很享受這種批判別人帶來的光環和掌聲，我一度把批判的習性帶到生活中，對家人朋友的大小事都可以拿來「批判」一番，藉此顯出自己的聰明和優越，直到失去了很多重要的友誼，我才發現利用思考的技巧去批判他人，並不是批判思考真正要達到的目的。如果你不曾參與過辯論比

賽，只要打開電視政論節目，也能秒懂我在說什麼，當你選定了坐在哪一邊，你就會自然而然站在那一邊的立場發言，並毫無保留地攻擊對方。觀眾也是自帶立場來看節目，就等著跟你同一邊的名嘴幫你說出痛罵對方陣營的話語，唇槍舌劍、火花四起，唯一缺乏的，就是「對話」。

但在密涅瓦課程中列出的思考習慣 #批判（#critique）卻開宗明義的描述，所有的批判思考都是為了讓你更深入地參與一段溝通或對話，唯有當你透過這些思考技巧排除了可能的資料誤讀、意思誤解和自我偏見，你才能正確理解訊息中的內容，並做出有效的回應與決策。換句話說，批判思考的目的是為了更有效的溝通，而不是贏得爭論。

因此在密涅瓦大學的思考習慣訓練中，批判思考是由20多個思考習慣所組合成的大主題，其中又分為「評估」和「分析」兩大部分。首先我們該如何去評估某人提出的某個論點（evaluate claims），當提出者為了說服你而提出了各種延伸的說法和證據，你又該如何去評估這些論據是否可以支撐這樣的論點（evaluate justifications）。「分析」又比「評估」更進了一步，運用三個層次的分析去檢視這個論點背後的含義，包含了資料分析、決策分析與問題分析，如何用統計學的概念檢視數據背後的相關性和因果性，了解每個決策行為對於不同利害相關人的利益影響，推斷他們各自帶著什麼樣的動機和目標而來，並知道如何將眼前看到的複雜

問題拆解到一個可處理的最小單位，才能著手解決。

　　這整個龐大的批判思考習慣架構，讓我回想起研究所時期和台大自然保育社的夥伴們，一起花了三年時間投入的一場環保運動——蘇澳花蓮高速公路環境影響評估案，整個過程到最後我們能夠成功擋下這條耗資千億的高速公路，關鍵正是我們打破了過去社會運動就是在批判另一方不對的慣例，真正做到了透過批判思考來促進深度對話。

用批判思考，擋下千億不當高速公路開發案

　　一直到現在，每當颱風或暴雨後，如果宜蘭到花蓮的蘇花公路又產生崩塌，甚至造成事故死傷，是否要另外興建一條聯外道路的爭議又會不斷被提起。花費千億、耗費十年以上蓋一條新的高速公路，畢竟牽涉太多專業領域，例如工程的可行性、經濟效益、維護成本、對自然、人文及社會環境的可能衝擊等，我們第一個直覺可能是這件事應該交由「專家」來替我們把關，這裡的「專家」在台灣指的是由環保署所召開的環境影響評估審查委員會（環境影響評估審查，以下簡稱環評），從這些專家名單來看，有產官學各界代表，有地質、生態、水文、經濟、文化等多元背景的學者，看似面面俱到，那我們身為公民社會的一員，是不是就能信任這些專家們來為我們做出最好的決定呢？且慢，這就是批判思

考最好的介入時機了。

　　如果從審查過程來看，你可能就會感受到有一點不對勁，在環評相關法律規定，只要開發過程對環境有「重大影響之虞」就需要進入更嚴格的第二階段環評審查，對於任何受過基本國文教育的人而言，「之虞」就代表了只要有任何疑慮都應該會構成這個法條，但這條經過17個重大生態敏感區的高速公路竟然被判定連「重大影響之虞」都沒有就通過了，甚至在環評大會通過時還不是用正式議案，而是用「臨時動議」，並且趕在下一屆總統大選前三天完成公告，似乎是擔心如果政黨輪替可能會影響開發決定，有著明顯的政治力介入。讓我們試著用批判思考的思考習慣，來檢視「環評」這個制度到底出了什麼問題？

　　在環評程序中最重要的一份文件，就是開發單位要向環評委員會提出一份關於開發案的環評報告書，專家們也是針對這份報告書來進行提問和審查，這時候第一個思考習慣#詮釋視角（#interpretivelens）就應該跳出來了。很明顯這份報告是由開發單位花錢找人寫的，先不討論作假的可能性，報告目的也很清楚，是希望能透過己方專家的說明，來降低專家對於開發衝擊環境的疑慮，進而讓開發案通過。在過去許多的環評研究中，也曾有委員描述報告書如何在不作假的情況下避重就輕，例如在研究開發對於候鳥的生態影響，故意選不是候鳥遷徙的季節去做調查，這裡也涉及到報

告的 #可驗證性（#testability），也就是當委員們對於報告
有疑問的時候，自己沒有經費去做額外的研究來驗證報告的
真實性，只能被動的等待開發單位的回答，如果碰到他們不
願正面回應的問題，最後往往也只能不了了之。

　　如果我們進一步去研究環評制度的 #脈絡（#context），
台灣的環評法有著全世界獨一無二的設計，也就是環評委員
具備否決開發案的權力，這在一般民主國家是令人感到不可
思議的，因為正常民主制度的權力制衡，是由民選政府提出
施政計畫，代表民意的國會通過預算來監督執行，當施政計
畫失敗，政府行政官員要負政治責任，若國會不願給預算導
致計畫擱置，那國會議員下次選舉就要面對民意的考驗。但
是在台灣，卻可以由一群沒有民意基礎的專家否決掉千百億
的政府開發案，而且專家們還是採取共識決或不記名投票審
查。這就意味著，如果一個嚴重破壞環境的開發案通過，最
後可能完全找不到任何人來負政治責任，所有人都可以推託
說這是共同的專業決定，這也注定了在這個 #脈絡中，多了
許多政治力介入專業的空間，而形成大量的政治立場偏誤
（#偏誤檢驗#biasidentification）。

　　另外，如果用 #合理性（#plausibility）這個思考習慣來
檢驗，我們往往很容易忘記我們會如此信任專家的前提，是
因為假設專家至少已經花了足夠多的時間和資源好好研究過
這個議題，因為不管你是再怎麼厲害的權威，突然丟給你幾

百頁的報告叫你分析，你也肯定會手忙腳亂、掛一漏萬。環評委員們就處於這種尷尬的狀態，即使我們相信每個人過去的專業背景，但委員們都是兼職，而且沒有配給助理，也沒有專門的薪水和研究經費，領的是每次開會的審查費，許多人還必須自己請假來參加審查，像高速公路開發這種幾百頁厚的報告，從收到報告到開會通常不到十天，同時可能還有好幾個大案子要一起審，在這種前提下，我們又該如何相信這些決定背後具有專業性？

不只人的專業被打上了問號，很多研究數字背後也都帶有誤導性，這也是為什麼批判思考中特別強調資料分析的重要，尤其任何重大政策背後都是資源使用的選擇，做了這個也就意味著放棄其他能做的事，因此整體 #效用（#utility）是政策制定者必須考量的因素，開發單位會過分渲染建設的好處，卻不告訴你這些好處只有在怎樣的情形下才會發生。蘇花高就是一個很誇張的例子，因為這條高速公路只有在一種情境下效用才會是正的，分析人員想像民國 115 年的時候，因為台灣東部有了這條高速公路，造成西部的各種產業都搬到了東部，東部所有城市都有著高速的發展，光花蓮的人口十五年內增加了接近 2 倍，花蓮的家戶所得甚至會超過現在的台北市。但現實是，花蓮的人口剛在 2020 年達到了半個世紀最低的狀態，這種為了改變效用而扭曲的未來假設，完全誤導了數字背後的真相。

除了批判，更重要的是換位思考聚焦問題點

　　過去的我身為一個環保運動者，對於環評制度有著眾多的批評，甚至本身也選定了環境優先的立場，無疑在分析上也會有著自己的偏見，並且落入之前提到的只重「批判」另一邊的思考中，這時候就非常需要再次使用 #偏誤檢驗和 #偏誤減輕（#biasmitigation）的策略。只要是人，都肯定會受過去經驗和價值觀的影響，站在特定立場並不是一件壞事，但既然批判思考最後的重點在於深度理解與有效溝通，除了去做各種事實、論點、數據的檢驗，我們也應該去試著換位思考，在這個審查中每個利害相關人背後的動機（#心理成因 #psychologicalexplanation）和最後想達成的 #目的（#purpose）。

　　我可以理解，身為一個東部人每次在風災後唯一的聯外道路蘇花公路崩塌所感受到的無力感，還有東部旅居他鄉的工作者或學子每次連續假期都要跟觀光客搶火車票才回得了家的複雜心情，如果能夠有一條快速又安全的新路會是多麼的方便，但這些需求的背後，真的只有高速公路是最佳選擇嗎？這就涉及到批判思考中我覺得最重要，卻時常會被忽略的環節：重新定義問題。

　　在分析問題的思考習慣中，#問對問題（#rightproblem）是最重要的一環，該如何去定性問題的本質，我們需要透過

#拆解問題（#breakitdown），把花蓮人的需求拆解到更小的單位，高速公路對在地居民提供的想像是一個方便、快速、安全的運輸方式，那我們是否可以去檢視目前其他可行的交通工具，是否有可能提供類似方便、快速和安全的功能，例如如果沒有高速公路，該如何利用鐵路達到高速公路希望提供的運量？經過鐵路專家的估算，目前東部鐵路的鐵路利用率只有約65％，真的想要提高運量，只要透過台鐵設備、車輛和管理制度的改善，就有可能快速達成，而不需要花十年時間等一條新的高速公路，這就是應用了#差距分析（#gapanalysis）去思考既有選項中，到底還距離我們理想的目標有多遠，去找到一個花費最少資源達成目標的方案。

　許多人詬病蘇花公路的安全問題，經過拆解也可以發現許多傷亡都是來自於砂石車和一般駕駛的爭道，高速公路非但不一定能解決（除非未來禁止砂石車上高速公路），在施工期間為了載運龐大的廢土量，還需要每30秒就出一車次的砂石車才載運得完，反而會讓現在的東部交通變得更加混亂而且危險。

　以上案例分析中，我們用批判思考的思考習慣組合，帶大家走過一遍蘇花高速公路開發議題的思維流程，當然，現實中整個議題的抗爭與政治角力遠比剛剛所提到的複雜，但身為公民社會的一員，批判思考應該成為一套可以在腦中自動運轉的程序，在深入探討社會複雜系統互動前，提供自己

一個看待問題的框架。

自己派出更多耳目，把象的全貌摸出來

　　批判思考不是為了批判而生，而是尋求更深度的溝通，因此包括邏輯、統計、概率論、決策樹、賽局理論等各種工具都提供了從不同面向去理解問題的角度。對我來說，批判思考更像是為自己派出一支摸象小隊，然後每個小隊成員回報自己看到的那部分大象，才能讓自己拼湊出全貌，那我們到底該如何有效鍛鍊自己的批判思考能力呢？這一點密涅瓦的課程主要依靠學期中的專題作業（assignment）來完成對學生的訓練。

　　專題通常具有相當高的自由度，唯一的要求只有要呈現出這些思考習慣的綜合應用，實際促進溝通或解決問題，但真的寫下去你才會發現，如果沒有對課程內容完全的理解，報告的每個小節都會舉步維艱，只要對基礎概念有任何模糊不清的地方，你都無法停止內心的拉扯。但光理解課程內容最多可以幫你蓋好第一層主結構，更難的挑戰馬上接踵而至，你要如何找到一個可以走深的切入點，許多同學往往在這裡卡關，問題分析的走向完全取決於你日常所累積對這個世界的觀察和興趣，簡言之，你心中有哪些關於世界縈繞未解的難題？還有你多想要解決它？

　　寫報告往往最痛苦的是頭洗下去之後，發現之前學的和想解決的問題之間，似乎存在某些差距，怎麼讓兩者完美的嵌套在一起，成爲最大的難題。作業的時間通常已不夠重寫，你只能被迫面對，而痛苦的點在於，你的直覺很可能是對的，這樣的分析也許本身就有一定的限制。這時候就要考驗你「轉」的功夫了！有時密涅瓦的作業會讓你練習換位思考到快抓狂，例如我們第一個專題作業要求你先提供兩個正方論點，一個強一個弱，強的強在哪？有什麼前提？弱的弱在哪？可以怎麼變強？下面還要再換反方論點重想一次，以及再用不同思考習慣重新定義一次問題。

　　如果你熬得過這些思考的掙扎，最寶貴的禮物也不遠了，你可以開始等待「啊哈時刻」的來臨，可能在吃飯、遛狗、甚至在廁所的某個瞬間，你會感嘆「原來是這樣啊！」這時候你才眞正打通了批判思考的任督二脈，很像你在這條艱困的學習之路上走著走著，忽然發現大腦跳出一條訊息：「您的更新已完成！」從此，看待世界的角度也變得更加立體了起來。

批判，
是爲了保持彈性

—— 劉劭穎

　　關於批判思考有很多面向，不過我最想分享的反而是保
持彈性。先讓我用一個案例來說明。在醫學教育中，除了專
業醫學這類硬知識之外，也會有其他所謂的軟知識，像是醫
病溝通、醫學倫理等。近年來隨著時代進步，軟知識被重視
的程度越來越高，而醫病溝通跟關係管理是其中的一部分。
老師們常說醫學是種藝術，年紀輕的時候還不懂，之後才知
道原來醫病關係跟溝通還真是門大學問。通常在這類的課程
中，會教導有關語言與非語言的技巧，但就在一次課程中，
聽到一位學員說：「其實這些道理或多或少都知道一些，但
情緒一來時根本用不出來。」而這句話帶給我的省思，剛好
跟批判思考不謀而合。

　　很多時候，我們並不是不知道有一分證據說一分話，
或是理性地分析邏輯與出處，我們常卡關的點通常是在第一

步，也就是知道但做不到的環節。而為什麼我們會卡在知道
但做不到呢？其中有一種可能是用大腦系統一（快速反射不
做過多思考的系統），另一種可能則是雖然我們開始啟動系
統二來「思考」了，但是因為過去沒有太多塑造思考彈性的
機會，而很快地又進入固定的思維模式中。

就像是選舉前夕看到跟自己理念相反的意見，就不由自
主地進入戰鬥模式或是厭惡模式。不同的政治立場通常帶來
各種複雜的情緒，可能是自我價值判斷被挑戰的不愉快，可
能是無法說服身邊親友的無力感，而不管是什麼情緒，都可
能讓我們陷入就算知道也做不到的狀況。

如果我們用 #差距分析來思考要如何改善在思考的起跑
點就失控的狀況，也許一個環節是我們在相對低強度、低情
緒化的狀態下的彈性思考練習還不夠。好比一位選手想參加
鐵人三項比賽，練習時一定會先從較短的距離開始訓練，然
後再循序漸進，慢慢往目標前進。

然而過去傳統的教育方式，並不特別著重學生是否練習
彈性思考。考卷上總是有標準答案，唯一有彈性的就是作文
或為數不多的申論題。這當然有過去工業時代沿襲下來的歷
史脈絡，快速訓練出一批類似的人。同時也有一些執行層面
的因素，因為開放式問題或引導式討論，都非常花時間，也
很考驗老師的帶領，同時也很難有一個公平的標準來給學生
評分。

思考是需要練習的

　　在密涅瓦的課程中，我們兩個班級共 17 位同學，每一天的課前都有分量不少的閱讀與課前準備。上課時基本上會分成兩大部分，各進行一個主要的活動，有時候是角色扮演，有時候是正反辯論，也有情境題、個人應用討論等。基本上教授的身分除了傳統的知識傳遞者之外，更重要的是帶領整個流程的引導者，帶領同學們分享與討論，同時也在必要時刻補充或補正。身為學員，我覺得最棒的是老師們的開放態度，如果有不確定之處，並不會直接指正，而會請我們多說一點，如果這個角度的陳述是合理的，老師也不會堅持原本設定好的答案。

　　同學之間的分享很多時候也是學習發生的地方。因為大家都來自不同領域、不同國家及不同文化，常會聽到一些意想不到的新知，同時也打開視野。老師也會引導學員間表達不同的看法，並進一步討論。比起學習內容，密涅瓦更重視的是學習的文化塑造，並且強調每個人都是貢獻學習的一分子。這個預設認知，讓學生在上課時能抱持彈性的思考，而不會一味地接收老師傳達的知識。

　　因為喜歡教學，我主要都是在做教育訓練的工作，也因此認識不少志同道合的老師跟講師，有企業內的，也有體制內的，或是自由講師。不過關於企業內訓，其實大家常會有

類似的感想，就是很多來上課的都不是自願。當然還是可以透過團體動力的方式，來帶領學習，不過我發覺這個好像不是真正核心的問題。有一次我在教課中帶小組暖身自介時，其中有一項是要請學員寫下自己的嗜好。令我吃驚的是，居然有一位學員遲遲寫不出來，表示她不知道自己喜歡什麼、嗜好是什麼。這件事情讓我印象非常深刻，第一是因為寫嗜好通常是用來帶動氣氛，這是比較輕鬆非正式的內容，通常都比較容易想，也能順勢拉近小組間距離，但這位學員的回應讓我不禁開始思考，是什麼樣的養成教育，才會讓我們不知道自己喜歡什麼？

談回企業內訓，其實可能更根本的原因是學員不知道自己需要什麼，還有一種可能是主管覺得派去受訓就能改善問題。一來學員不清楚為何要學這個，二來又擔心工作的時間被占用。而且表達個人意見，在傳統的教育體制下並不常見，一來是評核上的困難，再加上進度的考量，最重要的還是考試制度下對於標準答案的追求。

教育訓練真能解決問題嗎？

過去也聽過友人分享一個案例：有個單位向教學部提起申請，希望能辦教育訓練，理由是有一位保全人員失控攻擊病人。因為有時候病人會有攻擊傾向，例如酒醉時，所以保

全人員的部分工作是協助壓制病人，避免造成自己或他人的傷害。不過那次在壓制病人的過程中，保全人員情緒失控並毆打了病患。醫療品質部門希望能夠辦一場關於 EQ 跟情緒控制的課程，避免之後有類似的情況發生。

雖然辦理教育訓練是常見的一種解決問題方式，原本是希望透過教育訓練及模擬情境的方式來進行，不過在了解情況後，事情有了 180 度的轉變。進一步了解後，才發現原來問題出在一件背心。保全人員通常都會穿著保全的背心，那次在壓制的過程中，背心被病患撕破，而這就是導致情緒失控的主因。原來保全是醫院外包給某個公司負責，在制度規定下，萬一保全背心有破損，必須由保全人員全部自行吸收賠償。通常在壓制的時候，保全會選擇將背心脫下，但如果情況緊急時沒有餘裕做這件事，就很有可能會在工作中造成背心受損。

在經過 #拆解問題後，決議是先跟外包公司討論。工作上的衝突難免，背心的部分如果由保全人員全部負責，有可能還是會發生類似的狀況，同時也有可能影響保全人員在工作上的積極度，這部分的調整會希望當作之後續約的參考。這是 #問對問題的一個案例，如果沒有透過分析現況跟 #拆解問題，就又會出現辦了教育訓練，但是學員不知道為何要學這個，而且課程結束後，類似情況可能還是會發生。

VIP病人症候群與醫療中的認知偏誤

另外我覺得應用在醫療上，從密涅瓦學到最有趣的就是有關偏誤。常見的偏誤像是定錨效應、確認偏誤、光環效應等，過去我們比較多停留在認識這些偏誤，除了需要先 #偏誤檢驗，更重要的是要想辦法 #偏誤減輕，而這也跟批判思考有關。如果我們是處在一個偏誤的狀態下，等於是一開始思考方向就是歪的，也就很難釐清真實。

我們先從一個有趣的案例開始，以前在實習時聽過學長分享，有一位 VIP 病人到醫院，住進了 VIP 病房。因為是 VIP，所以除了院長以外，還有很多科的主任也都被叫到病房去。但是一時間眾多資深醫師也找不出病因，就在這個膠著的狀態下，在護理站的一位實習醫師看到了 X 光片，脫口而出一個診斷，而事後還證明了真的就是這個診斷。

這個案例告訴我們，這個診斷其實並不困難，但是為什麼一群資深的醫師群卻在診斷 VIP 時失準了呢？所謂的 VIP 病人症候群（VIP syndrome），也就是雖然 VIP 病人可能會享有一些特權，但是在醫療照護品質上卻可能會出現狀況。這個根本的原因是因為被告知這個病人是 VIP，於是醫療人員的注意力被分心放在是否有滿足 VIP 的需求，或是上層的壓力等。如此一來，判斷跟流程就會脫離常軌，也就容易失準。如果需要 #偏誤檢驗，首先其中一個可能出現

的便是錨定效應。傳統錨定效應常出現在定價上，如果一個商品被定出較高價格，之後再給予打折，則大家會以定價的價格來當作判斷的標準，也就會因此覺得打折很划算。至於VIP病人，一聽到VIP，大家可能就會有一些既定的想法，例如這些病人不能等，要馬上安排住院，或是盡快安排檢查等，但每一位VIP身分的病人並非都是一樣的模板。而因為對於醫學知識的落差，VIP病人也無法聲張自己的權益。同時有另一種可能是，既然都已經被當成VIP對待了，想必提供的醫療品質也是最好的，就算覺得有哪裡不對勁，可能也不一定會表達。

　　另一種可能出現的認知偏誤是光環效應。當醫療人員得知這位VIP是某位醫院高層或是政府高官，這時如果對方表示過去也發生過這個狀況，而且告知當時就是某個特定的診斷。醫師就可能因為對方身分的關係，傾向放大這個判斷，而不是重新評估與蒐集所有資訊。這種情況，也可能發生在一些年輕醫師遇到資深醫師變成病人時。

利用思考框架減少認知偏誤

　　偏誤是人類大腦運作下的自然產物，當然在醫師看診時也有可能會出現。在急診訓練的時候，我們總是被告知不要相信任何人的診斷，這句話被奉為圭臬不是沒有道理的。

首先這是一個有效用來#偏誤減輕的思考框架。我們可以粗略地將醫療過程分成以下幾個階段，首先是蒐集資訊，接著是評估資訊並作出診斷，再來就是治療階段。而當我們接受到病人診斷時，有時候會陷入確認偏誤的狀況。例如在交接班的時候，我們聽到前一位醫師的診斷，接著如果不重新審視，有可能會把傾向只著重在支持這個診斷的線索上，而忽略了其他資訊，如此一來可能就不是客觀全面地評估這位病人。因為很多診斷可能會以同樣的樣貌出現，例如一位有胃潰瘍病史的病人上腹疼痛，但其實最後是因為心肌梗塞造成的。所以不相信任何人的診斷，可以用來當作一種思考框架，用來避免掉入偏誤。而對於任何情況其實也適用，就是對於任何陳述、文章或新聞保持懷疑的態度，如此才有接下來批判思考的空間。

　　另一個#偏誤減輕的思考框架，是考慮相反的可能，或是考慮其他可能。我們在課堂中有時候會有角色扮演跟情境模擬的活動。我們會被指派成跟原本想法相反的角色，來跟另一個角色辯論。像是我們曾經模擬一場在舊金山的公聽會，分別扮演建商、居住正義團體跟市政府代表。透過這種考慮相反可能的思考框架，會讓大腦快思慢想中的慢想系統開始運作，而減少掉入快思系統帶來的偏誤，像是看到黑人會覺得犯罪率比較高，而這可能是一種可近性偏誤。發生在醫療場景的話，可近性偏誤發生在如果醫師最近剛聽完一個

稀有疾病的研討會，而最近他的診斷可能就會不自覺往這種
診斷思考，而加強了心中對於下這種診斷的傾向。所以在受
訓練時，師長一直告誡我們不要只下一個診斷，而是要考慮
其他可能。但同時也需要將這些診斷做優先順序，根據哪個
診斷的可能性比較高。這樣的好處是強迫自己考慮其他可
能，而不會太快落入某個診斷。

　　另一個方式是系統性評估，例如在看 X 光片或電腦斷
層時，師長會教我們一些口訣，例如氣血筋骨，氣就是氣管
或其他有空氣的空腔，血就是心臟及血管，筋就是身體的軟
組織部分，而骨就是骨頭部分。如果我們評估一個發燒的病
人，初步懷疑他得了肺炎，有一種看 X 光片的方式就是直接
只看肺部是否有發炎，但有時候肺部的發炎並不十分明顯，
我們可能還是選擇繼續相信原本的診斷。如果用系統性的方
式去看 X 光片，跳脫出既有的診斷，比較能夠客觀地判斷影
像本身，也許有可能在其他部分發現異常，而不會落入確認
偏誤，一直要找線索說服自己原本的診斷就是對的。

是不想、不能，還是不會？

　　最後想分享一個評估問題的三分法：不想、不能、不
會。不想是做得到但不想這麼做；不能是因為客觀條件或
環境上受限而不能做；不會則是缺乏能力。批判思考有很多

面向，目的是為了更真確地理解事實真相。批判思考的第一步，是擁有或轉變成批判思考的態度，先保持思考的彈性，不要太快落入既有的價值或判斷。接下來才是技術層面，例如透過思考框架來減少認知偏誤。如果一開始就不想做的話，之後的技術就派不上用場。而思考的彈性，就是練習開放自己，在更多情況都能接受不同的想法，像是傾聽不同政治立場的意見。因為要先有批判思考的意願，接下來才有批判思考可以發揮的空間。

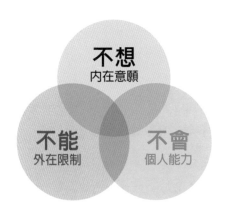

批判思考怎麼教？
怎麼學？

—— 黃禮宏

　　批判思考這個詞常常聽到，但到底該怎麼學習，怎麼訓練，又怎麼知道自己的批判思考能力有沒有進步？

　　有些人會把批判思考跟「批評」混淆。在中文裡批評容易讓人產生負面的聯想，當我們說某人擅長批評，會讓人聯想到講話變得咄咄逼人，不留餘地的樣子。假如誤以為批判思考就只是在練習怎麼批評別人的話，為了不要成為那種令人討厭的樣子，我們就不要學了吧。如果因為這樣的誤解，而錯過了批判思考能為人生帶來的好處，是非常可惜的。

　　批判思考（Tthinking Critically）是一種透過事實形成判斷、邏輯嚴謹的思考方式。一個具有良好批判思考能力的人會專注於事實，對蒐集到的事實進行解讀與分析後做出合乎邏輯的推論，並根據回饋自我修正，這幾乎是每天都會在密涅瓦課堂上演的過程。

在密涅瓦，跟批判思考有關的思考習慣有二十多個，它並不是一堂課，而是以問題為中心的跨學科、跨領域學習，在所有的課程中都會帶到並不斷演練跟批判思考有關的內容。第一學期的第一堂課由邏輯開始。

密涅瓦如何教邏輯？

你也曾經對哲學感到好奇嗎？

我太太是哲學系畢業的，出於好奇，大學時代我曾經多次從她書架上拿起幾本教科書、或借上課筆記來看，試圖了解她在讀的是什麼，最後只得到一個結論：哲學是給最聰明的那些人讀的，我等凡夫俗子連要看懂幾段話都很困難。

曾經在媒體上看到法國高中會考的哲學考題，諸如「文化能否讓我們更具人性？」「是否必須要遭受不公，才能了解何謂公正？」「經驗會騙人嗎？」，這些題目不只讓人覺得難以回答，更讓我疑惑的是：這麼難的東西，為什麼國外的高中生有辦法學習呢？

引用維基百科對哲學的定義：「哲學是研究普遍的、基本問題的學科，包括存在、知識、價值、理智、心靈、語言等領域。哲學與其他學科不同之處在於哲學有獨特之思考方式，例如批判的方式、通常是系統化的方法，並以理性論證為基礎。」邏輯是學習哲學的必備能力，要能以理性論證為

基礎來探討問題，必須要打好邏輯的底子。

　　在密涅瓦碩一的形式分析課程（Formal Analysis）從邏輯開始、一路探討機率、統計、演算法、賽局理論、決策樹。一開始看到課綱時覺得很誇張，每個概念在大學都可以開至少一學期的課程，到底他們要怎麼把這些融合在一門課裡面，而又為什麼邏輯會放在最一開始呢？

　　原來，良好的邏輯基礎可以讓我們更好地使用語言與文字，學著把話講好、把句子寫對。

　　要把話講好就從練習基礎的論證開始。一個論證指的是一組句子，其中有一句是由其他語句而來的「結論」（conclusion），其他語句則是「前提」（premise），論證即是由前提及結論兩大部分所組成。比如說：

　　前提一：我有兩個孩子。

　　前提二：我的孩子都是女生。

　　結論：因此，我有兩個女兒。

　　這是用 #演繹（#deduction）方式做出的論證，在前提所建立的命題基礎上推導出嚴謹的結論，結論並沒有超出前提的範圍。

　　另一種論證是 #歸納（#induction），使用證據來支持結論，由於結論超越了前提的內容，是否為真必須要看整個論證是否夠強。例如有個面試者在面試中這樣回答：

　　前提一：我學得很快。

前提二：我做事很認真。

結論：因此，我會是個好員工。

要增加說服力，首先想想證據能不能再更強。「學習速度超越90％同年齡人士」會比單純說「學得很快」好；「曾在前一份工作獲得年度最優秀員工獎」也比只說「做事很認真」來得有說服力。至於光用這兩個前提就要導出「我會是個好員工」的結論，論證強度仍嫌薄弱；當我們能提出越多跟好員工相關的實例，例如問題解決能力、挫折忍受度、團隊合作能力、忠誠度……等，論證的說服力就越強。

從邏輯句型開始，接著了解邏輯連接詞（Logical Connectives），例如IF-THEN、NOT、AND、OR的運用，緊接著再了解 #演繹與 #歸納的內容以及運用，而後是如何辨別邏輯謬誤（#fallacies）。這一串文字看下來可能讀者已經開始暈了，那麼爲何我們不會學得頭昏腦脹？

密涅瓦上課時並不「教」內容，每堂課的指定閱讀在課前由我們自己消化完畢後，老師在課堂上並不是一直講課，而是不斷的帶我們「用」。這些由科學學習法打造的主動課堂有各種面貌，可能是用30秒填一個單選題，然後討論彼此的選擇；也許是用3分鐘打字回答一個簡答題，然後螢幕上秀出大家的答案再共同討論；或是直接分組，每一組在討論中產出共同的一份文件，隨後帶回到大班中討論……等。將龐大的知識有效分解成一個一個小活動，每個活動彼此緊

密相扣，帶著大家從輸出倒逼輸入（由應用回來檢驗所學知識），踏出舒適圈練習使用新知識、學著回饋他人，也從得到的回饋中修正自己。

在第一個月的大量刻意練習後，我們迎來了第一個作業。作業內容是從老師提供的幾百種不同主題的句子中挑一個自己喜歡的，改寫成符合邏輯的及不合邏輯的論述，怎麼分辨正確的推論和有問題的推論，怎麼把有問題的推論修改成符合邏輯的方式。

在課堂上我們每天都在練習這樣的表達，學會把話講好，同時也在學習如何有結構地理解別人說話的內容。在寫作業時我們被精心設計的作業帶著整合這段時間的所學，用自己的話產出有邏輯、有意義的文字。不知不覺中，發現自己不只理解什麼是邏輯，更內化成為自己思考體系的一部分，隨時隨地都在運用。

有人說，密涅瓦是用最新的方式教最古老的東西。一百個人裡或許有幾個人可以光靠讀書就讀懂邏輯，但我相信「每個人」都可以透過實際運用而學會。用讀的，會覺得邏輯好難，而且讀完可能就是在考試中取得分數，從此這些知識就被束之高閣；在這裡，邏輯是拿來用的，每天上課講的、聽的每一段話，每次作業中寫的文字，都是不斷在「用」邏輯。在使用、反饋、改進的循環中，每個人都可以學會邏輯，而堅實的邏輯基礎讓我們可以好好講話、好好聽

話、好好書寫、好好理解，不知不覺中培養起良好的批判思考能力，打下理性論述的基礎。

應對網路上似是而非的評論

在網際網路應用尚未普及的九〇年代，我們的新知來源除了口耳相傳之外，主要是書本、雜誌、報紙，以及電視報導，當年這些資訊來源即使可能有特定的立場，但在出版前至少需要經過嚴謹的審核校對流程，產出訊息的品質有一定水準。今日，主流媒體面臨競爭之激烈前所未有，為了在網路時代搶占注意力資源，舉凡搶時效而錯誤百出的即時新聞、與內容不符的誇大標題、聳動而未經查證的內容，都越來越常見。社群軟體的流行更進一步改變了我們的資訊吸收比例，越來越多人資訊的主要來源是社群網站或手機群組裡的口耳相傳，而不是直接透過媒體或書本，這些訊息幾乎都未經核對與把關，精準度往往不足。如何從資訊之海中辨識哪些有幫助、哪些可有可無、哪些有害，挑戰可說是空前巨大。

在這本書的寫作期間正好遇到第 32 屆金曲獎，具有準醫師身分的「?te 壞特」以極具辨識度的迷幻唱腔與 Lo-fi 曲風拿下最佳新人獎，沒想到得獎後立刻有大學教授在自己的粉絲專頁上揶揄「準外科醫生獲得金曲獎最佳新人獎，你放心給她開刀嗎？」，這段評論也隨即成為輿論的熱點。

　　該評論是這樣 #歸納的：「她是準外科醫生。她得了金曲獎最佳新人獎。因此，我不放心給她開刀。」假如這個論述要成立需要補充更多資訊，例如她在實習時表現如何、工作團隊的回饋、患者的實際評價、醫師從事本業之外的活動對工作表現的學術研究等，這是 #證據基礎（#evidencebased）的思考習慣，而這些資料來源依其相關性、流通性、準確性、權威性和目的來評估，#來源品質（#sourcequality）越好，說服力越高。

　　該教授的評論中沒有提供太多參考資料，用於佐證的例子是「愛因斯坦以小提琴自娛，但他不會妄想去開演奏會，成為音樂家。」基於課堂上的訓練，看到這個例子立刻就上網查了一下愛因斯坦跟小提琴的關係，例如在 2017 年 2 月 4 日刊登於《國家地理雜誌》英文官方網站的文章 "Inside Einstein's Love Affair With ‘Lina’—His Cherished Violin" 裡，提到了愛因斯坦對小提琴，尤其是莫札特奏鳴曲的熱愛，在那個沒有隨身音樂播放器的年代，他出遠門時幾乎都會帶上小提琴隨行。1919 年成為他第二任妻子的愛爾莎曾在受訪時表示：「音樂對他思考理論有幫助，他本人也曾說過如果他不是科學家，他肯定會成為一位音樂家。」

　　用這些關鍵字去繼續搜尋，發現愛因斯坦有一段話在網路上被大量的引用：「如果我沒有成為物理學家，那麼我一

定會成爲音樂家。我常常在音樂中思考，在音樂中實現我的白日夢，以音樂的角度看待生活。」

愛因斯坦是不是投入了很多時間在音樂裡，並且也曾經想要成爲音樂家呢？而這些投入音樂的時間，對於他偉大理論的形成，是幫助還是干擾呢？音樂對於愛因斯坦的幫助並不是他一開始就知道的，但在人生後段的回顧中他本人及太太都認爲不可或缺，這跟賈伯斯在著名的史丹佛畢業典禮演講中提到的「connect the dots」也有異曲同工之妙。

這位教授舉愛因斯坦爲例，恰好讓論述更站不住腳。

讓我們再回頭看原本的句子。用主觀的「放心給她開刀嗎」這種訴諸情感的方式，而不是「能夠開好刀嗎？」這種可以用客觀標準與實際成績直接回答的問句，那麼光是提出了各種佐證也許還不夠，對方還是可以說一句「但我就是不放心啊！」把我們打回票。這時要處理的不僅是事實的辯證，還需要 #偏誤檢驗和 #偏誤減輕。是否因爲注意偏誤（attentional bias），使他只選擇性注意到這位歌手搶眼的外表與歌聲，而忽視她在醫療專業上的認眞學習？是否他有情感偏誤（emotional bias），只因爲不喜歡這個人而做出不嚴謹的批評？是否他的批評只是基於確認偏誤（confirmation bias），選擇性的蒐集支持自己偏見的細節，忽略不利或矛盾的資訊，來支持自己已有的想法？

You Are What You Eat

聽過 "You are what you eat" 這句話嗎？吃進去的食物會影響身體健康，因此我們要好好選擇食物，這點相信大家都同意。然而我們有沒有想過，吸收進腦子裡的資訊會影響心智健康，因此要好好選擇資訊呢？食物的選擇，可以透過向營養師學習營養學知識來進步；資訊的選擇，則可以透過批判思考的訓練，來讓我們的心智「吃」得更健康。

即使已經四十歲了，也自認是很有想法的人，但在學習的過程中才發現自己有很多缺乏事實根據或充滿偏誤的不健康訊息來源，長久下來讓思路受到侷限。經過一年多的批判思考訓練後，寫下這篇文章時檢視了一下，赫然發現日常生活的訊息來源已經改變了大約90％，從社交媒體與國內媒體，加入了國際媒體、線上資料庫、圖書館等。雖然吸收資訊的管道跟量增加了，但並沒有額外增加太多處理訊息的時間：看到有人說愛因斯坦說了什麼就順手查一下他是不是真的講過、看到報導中引用某國研究就順手去把那篇研究翻出來看一下摘要、看到關於某國的聳動新聞，就連過去國際新聞網站用 Google 翻譯快速看一下那個事件跟台灣媒體報導的有沒有一致，這已經內化成為習慣動作，實際上花不了多少時間。

現在在努力培養的新習慣是把自己已經認定的立場，要

求自己不只能站在反對的一方思考，並找出第三、第四種可能性。例如去年曾有機會買下國外的一家競爭對手公司，經過評估，買下來可以縮短市場開發的時程至少十年以上，對方有意要賣、條件不錯、雙方公司裡也沒人反對，如果是過去的我可能就衝動下決定了。

但現在的我會去想，以這個決策所需的層級，公司裡幾乎沒有其他人能接觸到正確評估這個決策所需要的資訊，而能提出反對意見的人可能只剩老闆，在這種情況下，不論大家贊成或反對都不代表這個決策是好的。在寫計畫書的過程中，首先扮演正方，每個我想要這麼做的理由，能不能找到有公信力的資料來支持？接著試著扮演反方，也諮詢了有相關經驗的朋友可能發生的負面影響；正反方的立場都列出來後，回到源頭審視原本想透過併購解決的那些問題，除了併購這家公司，有沒有其他可能作法？

於是發現，考量各種主客觀條件後，在這個當下相對好的作法不是買，也不是不買，而是「繼續談下去」。現在買下去，立刻就要變出一個能接管該公司的團隊，我們未必能運作良好；假如不買，從頭開始成立公司，從頭找土地、環評、建立團隊的成本相比之下又過於高昂。繼續談下去，保持良好的關係，從小規模的合作開始測試彼此適不適合結成親家，也保持敏銳度評估是否有其他可行的更好選擇。

我的行動快、適應強，也很習慣快快做、快快錯、快快

改的工作模式，但那在過去並沒有爲我帶來很大的成功。隨
著思考能力的進化，我發現不需要改那麼多次就可以達到我
要的結果，而有很多事情甚至不需要花資源去犯錯，一開始
就不該做。就像某些食物不該吃、某些資訊不需要吸收，批
判思考能力的進步，大大提升了我的工作效率和成果。

本章重點回顧

思考習慣架構

批判思考總共涉及 2 大類，共 29 個思考習慣。第一大類是關於如何進行一個論點的評估：首先要了解的是提出者的 #詮釋視角及 #脈絡，有沒有對話的對象，被什麼思想或事件所影響，這樣的論點是否具備 #合理性和 #可驗證性，論點的理由是否充分，佐證的數據有無 #證據基礎，#來源品質是否具備公信力。推論的過程，是否符合 #演繹或 #歸納邏輯，是否存在明顯的 #謬誤。

第二大類則是要裝備對於資料、決策和問題三者的分析工具。例如透過 #描述統計、#機率、#迴歸分析及 #統計顯著性等量化手段，去解釋及預測數據的走向。在每個決策背後，看到利害相關人的 #目的，所採取立場的 #心理成因及 #效用。更關鍵的是遇到複雜問題時如何 #拆解問題與 #問對問題，釐清相關的 #變項，進行現況與目標狀態的 #差距分析，以檢視既有的解決方案是否充分。

本章內容摘要

本章首先檢視了批判思考的目的，三位作者認為在密涅瓦課程的學習中，讓他們看到批判不是為了證明對方是錯的，或贏得辯論，而是透過細緻的分析，促成彼此更深刻的對話。批判思考的思考習慣，協助我們排除看待問題時不自覺的偏見，理解論點背後形成的脈絡，和透過數據挖掘隱藏的關連性，最終可以幫助我們保持心中的彈性，不會妄下結論，以人廢言。

作者們在本章中提供了豐富的案例作為示範，如何實際應用這些批判思考的思考習慣，包含面對高速公路興建的大型公共政策分析、醫院中的 VIP 病人症候群所造成的認知偏誤，以及如何檢驗網民對金曲獎得主的批評等。作者提出面對偏誤的關鍵解方在於為自己準

備不同的思考框架，以及大量換位思考的刻意練習，最後提醒大家 You Are What You Eat，我們吃進什麼資訊，將會影響我們如何認知這個世界，進而改變我們的行為和決策方式，從資訊源頭進行把關，重新拓展自己接收訊息的品質和多元性，決定了我們思維的深度與可塑性。

延伸思考案例

在現今社群媒體氾濫的時代，每個人的網絡成為自己最大的資訊來源，同溫層間的訊息傳播，甚至可以讓一起生活的一家人有著對現今社會發生了什麼產生截然相反的認知，形成彼此的衝突對立，陷入有心人為了操縱社會風向所發起的資訊戰，這其中資訊傳播可怕的不一定是假訊息，更難辨別的是帶有誤導性的真實資訊，我們該如何利用批判思考去檢驗和辨別資訊的真偽來做出高品質的決策呢？

提示：可使用的思考習慣如＃偏誤檢驗、＃偏誤減輕、＃證據基礎、＃來源品質、＃詮釋視角、＃脈絡、＃可驗證性，詳細思考習慣操作型定義請見附錄〈密涅瓦大學思考習慣清單〉。

第三章

問題解決，我學到的是——

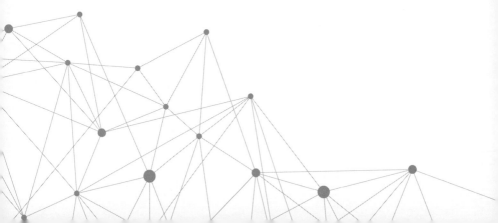

分清障礙或限制，
你才能找對問題

—— 李佳達

用結構化的思考習慣，複製你的成功

　　問題解決流程是我在密涅瓦大學課程中覺得實用性最高的內容，它有價值的地方並不是在提供你一套全新的思維邏輯，跟你說遇到複雜問題就應該怎麼解決，而是這些方法或觀念其實你可能在過去的人生經歷中都累積了部分，但一直沒有辦法串起來，結果是就算問題解決了，你也很難去複製自己的成功經驗，因為你不知道自己對或錯在哪裡。

　　在我過去接受國際諮詢顧問公司 Gallup 的教練認證訓練中，他們就提出了一個明確的教練模型：學習任何事物，你必須經過三個階段才能真正精熟。首先，你必須為你所學的東西命名（Name it），如果你連怎麼描述這件事都不知道，就無法將知識內化或與人溝通，這是我過去十年在擔

任企業講師在企業培訓看到最普遍的問題，也就是當團隊坐下討論某個問題該如何解決的時候，根本連描述問題到底是什麼的共通語言都沒有。密涅瓦大學以思考習慣的方式將知識行為化，並拆解成一個個可以實踐的小單位，會讓應用變得更加簡單，這樣你在使用某個思考習慣的時候，你就知道我正在做這件事。例如，我做這個動作是在 #拆解問題，目的是找到我在解決問題時可能會碰到的 #限制條件（#constraint），這個過程叫做「主張」（Claim it），代表你不只可以用自己的話來描述這個知識，你還能區分我現在正在使用這個知識，這樣你才知道後續該如何做出更好的調整，這就是第三階段「追求」（Aim it!），例如當你練習了十次如何 #拆解問題，你開始摸索出一套專屬於自己更容易拆解複雜現況的方法，這就代表你真正掌握了 #拆解問題這個思考習慣。

　　問題解決在密涅瓦的思考習慣架構中被分為兩部分，首先要透過批判思考來將問題定義清楚，也就是要先會「問問題」，接著才透過創意思考工具箱中9個思考習慣來「想解方」。這個順序非常重要，因為在我經手的企業顧問案中，我看到最多團隊討論問題卡關的根源，都是來自於先射箭再畫靶，大部分的人從第一天得到交辦任務後，心裡就在盤點有什麼解方可以用。這可能源於我們從小所受的考試教育，總是致力於找到問題背後的標準答案，但他們忽略的是如何

知道自己正確理解了問題所在，以及他們所想到的解方是不是受限於過去的經驗，導致團隊一直在用舊方法解決新問題而停滯不前。更糟糕的是，有些員工會為了確保新專案能夠執行，直接拿出他們能做的解決方案來重新詮釋問題，如同成語「削足適履」中講到為了能穿鞋子把自己腳骨削掉的作法，因為他們害怕或根本不想再投入新的資源重來一次，這也是為什麼在問題解決流程中，當「想解方」優先於「問問題」時，往往都會是事半功倍的原因。

劃清限制，再動手清理障礙

在「問問題」的流程中，最讓我耳目一新的觀念，是懂得如何區分複雜問題中存在的障礙（obstacle）和 #限制條件（#constraint）。為什麼一個複雜問題出現時往往會讓我們手足無措，因為問題背後往往伴隨著太多糾結在一起、會互相影響的訊息。例如為了進行疫情調查，需要掌握感染者的足跡和接觸史，如果想設計一個需要下載的APP，為了配合不同手機平台如蘋果、安卓都能適用，就會需要比較久的開發時間，如何宣導讓民眾願意下載也是一大問題，另外還有隱私權的考量，對人民足跡訊息蒐集越完整（例如強迫開定位）當然對疫情控制就越有效，但對人民隱私權侵害也越大。我們往往想要取得一個疫調和隱私權保護的「平

衡」，但「平衡」其實是非常模糊的概念，因為沒有明確的價值排序，那到底誰該排多一點或少一點才叫平衡並沒有標準。這時候就可以思考在這次問題解決過程中，什麼東西是你解決問題的邊界，也就是你不能碰的 #限制條件，什麼是問題中你可以去設法移除的障礙。簡言之，你可以在符合（comply） #限制條件的狀況下解決（overcome）障礙，來達成目標。

在隱私權的議題上，你就能看出民主國家和專制國家的區別正是在 #限制條件。對於民主國家而言，為了確保當權者不濫權，有著完整的權力制衡體系作為行政權的「限制」，例如透過立法權來控制預算，利用司法權來糾正不合法的行政作為，因此政府就算為了防疫這樣的公共目的所推行的政策，仍然需要依法行政，就算非得犧牲人民權益，也要確保這是對人民的最小侵害。但專制國家就不同，沒有這些 #限制條件，能用的手段就會多得多，不過人民可能也會活得更壓抑而痛苦。#限制條件不只有法律，還有預算、時間、人力等，當你可以先區分出問題現況中有哪些是你必須符合的 #限制條件，哪些是你有能力動手排除的障礙，你就會得到清楚的優先順序，不用在去模糊地「平衡」兩種價值。

障礙和 #限制條件的區分也讓我進一步省思，那些我們在人生中說要去平衡的東西，例如工作和生活、友情和愛情，好像都是假議題，關鍵是我們沒有認清自己的優先排

序，不同人生階段我們都會有自己的 #限制條件，也會因為年紀越長，擁有更多資源來排除障礙，這也代表問題解決的思考習慣絕非一成不變，每一個要素只要有所調整，後面的解方也會完全不同，決策沒有絕對的對錯，只要你知道自己到底是怎麼做出來的，下一個決策點你都有捲土重來的機會。

將問題拆解到最小單位再來面對

　　回到剛剛討論疫調的數位工具設計，在上面那一段敘述中，我們可以看到很多互相牽連的關係，例如設計功能越齊備的 APP，可能下載推廣或使用教學就越困難，而資料紀錄越詳細，對人民隱私權侵害就越大，但資料不足對於疫調幫助也有限。這裡我們就可以使用 #拆解問題的思考習慣，將現況中的複雜關係，拆解為更小的單位。其中我們至少可以看到四個元素：便利性、傳播性、隱私權侵害、疫調需要性，這四個當中什麼會是我們思考這個問題的 #限制條件呢？因為台灣憲法所保障的基本人權中包含隱私權，所以就算因為更大的公共利益（如防疫）要介入人民的隱私，也必須確保是對人民的最小侵害，因此隱私權保障會是這個數位工具最外圍不可逾越的 #限制條件。另外為了讓這個工具發揮實際效用，讓人人都能上手使用是個必要的前提，如果只是設計了一個功能強大但介面複雜的手機 APP，最後只有

年輕人會用，這就等於浪費資源，又沒辦法再花更多資源去做數位推廣和教育，因此便利性和傳播性也成爲這個工具的 #限制條件。在這麼多 #限制條件下，對於設計者而言唯一可控的障礙就只剩疫調需要性，也就是我們該如何讓疫調所需資料最少但有用。

　　當區分完障礙和 #限制條件之後，你就能專注在解決障礙上，而不用再多花心力想要去改變 #限制條件，因此設計團隊在這個時候就不應該再去討論要透過什麼管道去教老人使用，或是不是要加上遊戲機制讓這個工具更利於傳播，而是從排除障礙的角度出發，如何設計出一個「蒐集最少資訊，但對疫調夠用」的產品。

為自己備一套創意解方工具箱

　　確認了想排除的障礙，就可以開始「想解方」，在密涅瓦的思考習慣中也列出很多可用的工具，例如找其他領域的案例來 #類比（#analogies）、#設計思考（#designthinking）流程。這裡以 #捷思法（#heuristic）來切入，#捷思法中有一種常見的發想法：以終爲始，也就是從想像目標達成最理想的狀況回推現在該怎麼做。

　　在剛剛的場景中，當我們發現有人感染疫情，如果想要知道誰有可能跟他接觸過，我們需要知道什麼資訊呢？當然

最好可以有每個人隨時的定位紀錄並且都自動上傳到雲端，這樣很方便隨時進行比對，但這不符合我們剛剛設定保護隱私權的 #限制條件。如果不能要求大家隨時開著定位，並提供所有人的定位訊息，那只能要求大家到每個地點時，都必須主動填報曾去過那裡，而場所負責人（例如商家或銀行）還能協助進行檢核確認。萬一真的發生有人染疫，就可以估算一個時間範圍內也曾經到過該場所的人數，並開始進行疫調，這也是實聯制的設計理念。為什麼使用簡訊，就跟前面的 #限制條件有關，首先考慮到便利性，手機不需要額外安裝 APP 就可以使用簡訊功能，有使用手機通常也知道如何傳簡訊，讓大眾能輕鬆理解這個功能方便傳播，場所負責人也容易進行查核，這些思考讓簡訊實聯制成為防疫的一大利器，有效增加疫調的執行。

　　在問題解決中，要在「問問題」流程中找到對的問題，大多時候並不能只靠著自己的想像，而需要動用到適合的研究流程，從相關的使用者身上找到真正的問題點，這些研究方法包含 #個案研究（#casestudy）、#訪談式研究（#interviewsurvey）、#觀察性研究（observationalstudy）和 #介入性研究（interventionalstudy）等。究竟要使用什麼研究方法，涉及到你如何完成 #建立假說（#hypothesisdevelopment）。這些內容幾乎是每個讀研究所的學生的必修課，但最讓我自己感到訝異的是，我一直到

上完密涅瓦的課程，才真正感受到這些研究方法不只能用在論文寫作，更重要的是如何幫助你解決現實中遇到的問題，不知道為什麼，過去學校教育好像在我們心中埋下一個詛咒，完全隔開了學校中學習的東西和現實生活。

我曾經進入行政院服務，協助政務委員推動跨部會青年創業政策的整合，當時我接到的任務是找到為什麼政府每年投入近十億的預算，13 個部會中也推出 48 個服務青年創業的政策，但青年創業的風氣仍然起不來，甚至創業家對於政府政策感到無感。

如果我們從「問問題」的流程出發，先透過#拆解問題來盤點有哪些問題點，創業家無感可能來源於「不知道」有這樣的資源，或政策提供的資源是他們「不需要」的，為了找到創業家真正的需求，我們就開始舉辦了一系列不同產業類別的青年創業家座談，同時透過問卷和訪談的方式累積使用者的回饋。我自己的#建立假說是因為政策太多，創業家不知道有什麼適合自己的資源，再加上擔心後續程序會很繁瑣，不確定是否值得，在經過大量的訪談後，我們初步確認了我的假說。

後續「想解方」，就用到了大量 #類比來進行政策補強，首先我們參考了在科學園區中為了服務廠商而在園區管理局設置單一窗口的概念，讓不管你是適合哪個部會什麼政策方案，都可以在同一個地方由專人協助釐清最適合你

的項目，再來我也參考了 TED 演講的模式，邀請各部會中口才較好的主管以更口語的方式，配合過去的成功案例，製作 18 分鐘的短影片，讓創業家更容易了解每個政策資源的內涵，在跨部會團隊的努力下，大大提升創業資源的使用，也帶動了青年創業的一股熱潮與討論。

如果讓我總結密涅瓦大學所教的問題解決流程，我想最重要的就是一定要先「問問題」才「想解方」，先確認自己有問對問題，掌握現況中的 #限制條件，把手上的資源投入在能夠改變的障礙上，才能事半功倍。

培養面對問題的關鍵智慧

—— 黃禮宏

　　愛因斯坦曾說：「如果給我 1 小時解決問題，我會用 55 分鐘來想問題，5 分鐘想解決方案。」

　　這句話我在學生時期就聽過，但知道跟做到之間有很大的鴻溝，明明知道要先搞清楚問題是什麼，卻往往在遇到狀況時忍不住立刻跳到解決方案的環節。

　　在密涅瓦，問題解決是第一學期的第一個月就開始涉獵的主題，而後貫串整個學習歷程。問題解決的核心並不是學習各種解決方案，而是學習怎麼 #問對問題。這包含了評估現狀哪裡不對勁、我們希望把這個不對勁的狀況變成什麼樣子，這兩者不能只是形容詞，必須定義得越具體越好。接著看看在解決什麼障礙之後能讓我們達成這個目標，而在過程中什麼是難以改變，必須遵守的 #限制條件。如果這個問題的規模太大，現在的主客觀條件無法解決，我們就再 #拆解問題成更小的處理單位。

接下來讓我們分享一個企業的例子，以及兩個我自己的應用案例。

So What 的力量，造就百億美元估值的世界級企業

改錯字，修文法，這種不起眼的小事能有多少商機？

在三十多個國家之間做生意，並不是如有些人想像中那樣每天飛來飛去到各國走跳，一家拜訪完接著下一家。99％的客戶與我初次「見面」都是透過文字，而不是聽到聲音或見到本人。在寫這篇文章時我針對過去經驗簡單統計了一下，即使我服務的行業做的是有一定客製化比例的工具機生意，仍有大約10％的客戶是從初次來信、下訂單、製造、驗收及出貨的整個過程中都完全不會見到面，我們必須在看不見彼此的情況下建立足以成交從百萬到上億元訂單的信任，高度仰賴文字來探索需求、溝通歧見，甚至解決糾紛。

在這樣的工作情境下，對我這樣的非英語母語者理論上是較為不利的。不論語言測驗考得多好，工作上有各式各樣的情境都得重新學習，在閒聊時用太正經的說法會被笑、談技術和需求用不夠嚴謹的方式對答在氣勢上會被壓下去、寫文案時跟講話的語氣不同……更不要說基本的拼錯單字或文法錯誤，呈現出的不專業感會連累公司及產品的形象。

因此，在目前我訂閱的所有軟體服務中，如果只能留下

一個，我會毫不猶豫的選擇Grammarly。它對我而言的意義並不是改錯字而已，而是「網路形象的把關者」。

　　Grammarly這個軟體做的事情說來很簡單，就是協助人們在用英文寫作時，自動提示拼字和文法的錯誤，讓人只要用滑鼠點一下就可以輕鬆修正。付費版可以做的事情更多，除了可以自動偵測文章是否有抄襲嫌疑，還能夠設定受眾、正式度、文體、語氣、目的，讓AI把文章往我們想要的方向調整。自從付費訂閱之後，我的寫作困擾可說是獲得了救贖，不只是不犯錯或是寫得更專業而已，更意想不到的收穫是這個軟體就像是個永不疲累、永不厭煩的語言顧問，每一次的訂正都讓我學到東西，從即時反饋中不斷進步。

　　這麼厲害的英文寫作輔助軟體，一定是英文母語者，或者至少是主修英文的人所設計的吧？

　　恰好相反。最早的兩位創始人馬克斯・利特文（Max Lytvyn）和亞歷克斯・舍甫琴科（Alex Shevchenko）出生於烏克蘭，當年在烏克蘭基輔國際基督教大學就讀時的主修科目也跟程式設計或文學無關。他們發現很多非英語母語的學生在寫論文時經常抄襲，因此開發了一款叫做MyDropbox的軟體，可以快速的抓出論文裡的抄襲。這個軟體在學術圈大受歡迎，很快拓展到全球。

　　故事如果就停在這裡，今天美國前十大獨角獸（價值超過十億美元的企業）就不會是他們了。

　　兩位創始人在偵測抄襲的產品獲得成功後，進一步想：偵測完抄襲，so what？然後呢？把這些學生開除嗎？

　　這些學生想要的不外乎是順利完成論文、取得學位。而其中許多人之所以用抄襲的方式，是因爲英文寫作能力遠遠落後於寫論文的要求。試想如果你攻讀的是經濟、心理、生物，或任何非英語文學相關的學位，在短短的兩三年光陰裡，重點應該要放在深入學習這門學科成爲專家，還是放在訓練寫作能力，只爲了達到寫論文的能力門檻？

　　「如果可以透過技術快速抓出抄襲，那麼能不能用技術快速提高英文寫作的品質？」

　　兩位創始人後來延攬了程式高手德米特羅・利德（Dmytro Lider），在 2009 年成立了 Grammarly，造福全球困於英文寫作泥淖的芸芸眾生。如今學生作業、企業書信、行銷文案、甚至是社群網站上的留言，都能使用這個軟體來快速提升寫作品質，而這個不分性別、年齡、國籍、行業都用得到的小小軟體，在 2021 年 11 月被評爲美國未上市的獨角獸之一，估值高達一百三十億美元。

　　一開始他們看到的問題是論文抄襲充斥，以這樣的問題定義，理想的狀態則是「沒有抄襲」，在以人力校對耗時費力且耗資極鉅的 #限制條件之下，想出了用軟體來幫忙審文章的解決方案。獲得商業上的初步成功之後，他們並沒有只停在防弊，而是進一步去思考，這個抄襲的弊端是如何形成

的，有沒有更徹底的解決方式？

如果從解決方案來看，用於防弊的偵測抄襲軟體 MyDropbox 及協助人們興利的寫作助手 Grammarly 都在開發軟體應用，但因為問的問題不同，使後者產生了巨大的成功。回到我們自己的工作上，防弊跟興利往往是一體兩面，防堵眼前可見的問題雖然直覺，但往往不是最重要的；多問幾次 so what 挖深探究下去，可以讓我們靠近問題核心，甚至掌握未曾有人想過的機會。

交期因廠商延誤，該花時間對付廠商嗎？

機械業的供應鏈很長，一條成功的自動化生產線背後是幾十家公司的共同努力，除了機械廠本身的研發及製造能力外，原物料、各種加工、自動化等廠商的配合也缺一不可。

反過來說，只要任何一個環節發生狀況，小則延誤交期，大則產生品質問題，即使這個狀況不是我們公司造成的，作為最後把產品交付給客戶的代表，我們都必須負責處理。在機械業工作的每一天，就是在克服供應鏈每個環節大大小小的挑戰，以期把最好的產品如期交到客戶手中。

然而，遇到問題時我們往往沒想太多，馬上憑著直覺一頭栽進去開始處理。

在寫這本書的期間正好發生了一個案例。有一台自動

加工設備原本兩個月前就該出貨，就差某位廠商把他的零件做些修改即可。然而，不曉得是不是 2021 年製造業景氣大好，該廠商生意應接不暇的緣故，我們提出的需求一直沒有受到重視。廠商雖然會派人來，但每次派來的都不是關鍵人物，而比較像是「剛好有空」的人，不僅對這個案子來龍去脈不了解，最誇張的一次甚至派了連操作他們自家產品都不會的人來，我們的工程師還得教他怎麼使用，不斷地浪費彼此的時間，而這個案子就一直延宕著。

交期延誤了，客人每週不斷緊迫盯進度，透過郵件以及電話向我們施壓；我方負責同仁一開始是客氣地跟廠商拜託，隨著壓力越來越大，口氣也越來越嚴厲，然而廠商依然故我，該修改的部分一直沒有動作。

有天在辦公室，聽到負責此案的跨部門團隊同仁們正在熱烈的討論此案，大家你一言我一語的討論要怎麼對付這個廠商：該怎麼取消合約、要怎麼扣錢、要怎麼捍衛公司在這個案子中的權益……這個案子不是由我直接負責，基於尊重負責人，以及想先蒐集更多看法，我靜靜的聽了一陣子，看每個人想講的都講得差不多了，才提出一個疑問：

「我們真正要解決的問題是什麼？」

基於剛剛的討論，眾人提出了提高廠商配合度、處罰廠商、取消合約、減少公司損失等等。

我再問：「我們真正要解決的問題是『達到出貨標準並

通過客戶驗收』，還是『對付廠商』？」（#問對問題）

　　如果把焦點放在廠商，能做的不外乎換掉他、攏絡他、或是處罰他。假如更換廠商，新廠商必須要重新走一次學習曲線，花時間熟悉這個複雜的案子，而且不保證百分之百會成功；攏絡他雖然可能有效，但恐怕會把廠商胃口養大，認為我們沒有他不行，以後更難談；用處罰的方式，雙方鬧翻機會很大，我方頂多是把本來要付的貨款扣到完，然後還是拿他沒輒。廠商收不到錢的損失頂多百萬等級，我們整條線的設備做好無法出貨，面臨的損失至少千萬，後續如果演變成對簿公堂，那更是曠日廢時的浪費。

　　如果聚焦在達到出貨標準並通過客戶驗收，情況就不同了。要通過客戶驗收，需要滿足「機器精度驗證OK」「加工成品精度驗證OK」「自動上下料系統連續運作8小時無異常」等三個條件（#拆解問題）。早在三個月前我們就已經完成了前兩項條件，第三項則不夠穩定，加工數百次可能會有一次不順，而癥結就在於前述廠商產品中的某些零件需要修改。

　　討論到這裡我覺得有點怪：非常複雜的機械設備我們可以自己做出來，現在造成卡關的這個自動上下料系統，結構相對單純，除了催目前廠商或是考慮換其他廠商，難道我們沒辦法自己處理嗎？（#差距分析）

　　一位同仁說，這是廠商承包的範圍，我們不需要花自己

的資源去做，看起來問題的焦點仍然是放在要廠商負責上。
我問：「假如我們自己設計、自己跑整段製程，要完成自動
化的改善方案需要多久？」同事表示這不難，頂多兩個禮拜
就可以解決了。

　　原本卡關很久的會議，就在 #問對問題後，只多花了 5
分鐘就開完；而這個造成出貨時程延遲了兩個月的問題，
在 #問對問題後也赫然發現，原來只要兩個禮拜就能解決。

　　「那廠商怎麼辦，要告他嗎？」有個同事提問。

　　我們是靠賣機器賺錢，還是靠告人賺錢呢（#問對問
題）？我們的人力和財力能夠兼顧服務客戶跟經常跑法院
嗎（#限制條件）？這家廠商提供的解決方案，我們如果都
能自己做，而且效率還比他好的話，之後還有必要合作嗎
（#差距分析）？

　　而既然以後沒有要再找他合作，那麼還有必要花時間精
力跟對方爭下去嗎？在不值得合作的對象上每多花 1 分鐘都
是莫大的浪費，不如把寶貴的時間和注意力用在培養其他專
業又認真的廠商身上。

　　一看到問題就立刻跳到解決的環節，就像拿到一把槍就
亂射一通，浪費彈藥打了半天不見得打得到，還可能傷及無
辜。很少有人開槍前不瞄準，但在學習了問題解決的思考習
慣之後，在日常生活中很意外地發現竟然有那麼多人在處理
問題之前並沒有先好好問對問題，包括過去的我在內。

　　問題解決的思考習慣從 #問對問題開始。不斷聚焦在眞正要達成的目標是什麼，不斷思考哪些是難以改變的限制、哪些是能夠處理並且跟目標有關的障礙，並拆成一個個可處理的小塊。在釐清這些之後，才開始進到解決問題的段落；如果卡關了，再度回到問對問題的環節，找出眞正要解決的問題，前方的路自然展開。

育兒焦慮的解方

　　談完如何用 #問對問題的方法來聚焦工作上面對的狀況，接著讓我們換個場景到家庭裡。

　　我有兩個孩子，目前分別是四歲半跟兩歲。有了孩子以後，買東西不再是買自己喜歡的 3C 產品，而是孩子的奶粉、衣服、玩具；假日想的不是自己的行程，而是要帶孩子去哪裡；以前覺得錢夠用就好，現在夠用的定義被大幅拉大，還要考慮未來的教養及家庭的風險管理。到底什麼才是給孩子最好的？這個問題相信也困擾著許多父母。

　　如果你常上網看關於育兒的討論，也許也曾被網友們爲孩子準備的物質條件嚇到，舉凡奶粉、尿布用哪個牌子，營養補充品要吃什麼，買什麼玩具、假日是到公園走走還是花錢參加幼兒課程、要不要考慮搬到更好的學區，都還只是小意思而已。隨著孩子長大，要不要學各種才藝、讀私立學

校、找名師補習、寒暑假出國旅遊、再長大點安排國外留學，最好還能帶著他們環遊世界、再為他們每人準備一筆創業基金。素未謀面的網友們好像都有無盡的時間、用不完的錢、源源不絕的體力，而你我相比之下是如此的渺小。

　　美國心理學家利昂‧費斯廷格（Leon Festinger）於1954年提出的社會比較理論，提到個體在缺乏客觀標準的情況下，會傾向藉由與他人的比較來評估自己的能力、態度和特質。在沒有網路跟社交媒體之前，一個人能比較的對象是身邊認識的人為主；到了這個時代，連上網路每天都可以看到許多人在分享著光鮮亮麗的生活，我們在有意無意中大量地做著比較，並且被這些比較牽著我們的情緒走（#心理成因）。

　　以我自己為例，如果純粹為了帶給孩子更好的物質條件，身邊的人最常見的是這三種選擇。

- 投入更多時間在工作上，努力當個賺錢機器。
- 嘗試一些高風險高報酬的投資方式，好好拚它一把。
- 把孩子全天託給其他人帶，家長在假日陪孩子就好，這樣週間晚上還可以再開拓其他收入來源，甚至假日也再去兼差。

以 #問對問題 的架構來看上述的問題。

現況分析：沒辦法給孩子最好的各種選擇

目標設定：能夠給孩子最好的各種選擇

障礙：錢不夠多

限制：時間一天只有 24 小時、體力有限、可動用資金
　　　有限、孩子有陪伴需求

問題規模：終生

解決方案：中樂透

　　乍看之下這個分析沒錯，有足夠的錢就可以給孩子最好
的各種選擇，但在問題跟目標都如此不具體的情況下，解決
方案也就只能是近乎幻想的「中樂透」。

　　首先，現況分析不到位。現在孩子們是有挨餓受凍嗎？
顯然沒有。是衣食無虞但想要更上一層樓嗎？那必須提出沒
有那些條件究竟會造成什麼困擾，或是具體的不良影響。再
來是目標設定不明確，「給孩子最好的」到底要好到什麼程
度？如前段所述，食、衣、住、行、育、樂各種物質的追求
永遠沒有止境，沒有具體的數字，這個目標永遠沒有達成的
一天。現況跟目標定義不明，那麼錢不夠多就是一個永遠填
不完的坑，即使把整個人生統統泡進去金錢之海裡，還是不
會有上岸的一天。

　　既然大家都這麼愛樂透，我們再來看中樂透是不是
個好方案。買樂透不僅中獎機率極低，期望值還是負的，

長期「投資」樂透有極高的機率落得虧損的下場（#機率#probability），我們買樂透時往往過度高估了中獎的爽度，而忽略了實質上為負的報酬率（#效用）。即使中獎了，依照美國青少年金融教育賦能機構（The National Endowment for Financial Education）在2018年發表的研究報告顯示，大約70%的樂透得主在短短數年內破產，最主要的原因是揮霍無度。

　　沒有#問對問題，即使中了樂透，對孩子和家庭也未必是好事。更重要的是，這個問題從頭到尾是不是少考慮了一個關鍵因素呢？你有沒有聽過當父母的人抱怨，努力了一輩子，孩子卻從來沒有感謝過他們，也無法體諒他們的辛勞？

　　在密涅瓦的「有效溝通」這項思考習慣中，第一項就是#受眾（#audience）。在興沖沖的決定要給孩子什麼之前，我們是不是忘了先理解孩子要的是什麼？

　　前陣子帶大女兒出國，回國後需要大人小孩一起待在旅館隔離檢疫十四天，我們花錢買了很多練習本、玩具，加上自以為是最後絕招的任天堂Switch，以為這樣就萬無一失，但才第三天就已經招式使盡，孩子連電動玩具都不想玩，她只想玩可以跟爸爸媽媽有互動的遊戲。在一次又一次的「陪我玩，拜託～」、一個又一個共同發想的遊戲之中再次提醒了自己，孩子們有自己衡量價值的方式，而那似乎跟價格沒什麼關連；我們能給孩子最寶貴的也包含了難以用錢取代的

東西，例如健康和時間，不該輕易交易出去。

重新思考問題，要給孩子最好的不能只考慮物質，更要考慮相處的品質，而且品質的定義在孩子不同成長階段會一直改變。在嬰兒時期，需要的物質很少、陪伴時間很多；隨著成長，他在學習、生活，以及興趣方面的開銷會增加，在漸漸有自己的生活圈後，需要的陪伴會減少，但深度會大大增加。因此這個問題要再進一步細分下去，在孩子不同階段家長所要面對的障礙都不一樣，要考慮的也不只是賺錢、時間安排，還包括家長自己的個人成長都需要不斷進步。

在這個 #問對問題、#拆解問題的過程，很快發現金錢不是最難的，如何維持跟孩子們相處的品質更為挑戰。而針對不同年齡段規畫時，也不斷提醒自己每個人都是獨一無二的，現在的計畫只是參考用，最後還是要依照未來的時空背景，更重要的是孩子本身的想法來共同前進。

美國神學家尼布爾的寧靜禱文中提到：「神啊。請賜給我寧靜，讓我接受不能改變的；請賜給我勇氣，讓我改變能夠改變的；請賜給我智慧，讓我能夠分辨兩者的不同。」

這樣的智慧看不見，摸不著，但經歷過密涅瓦的問題解決訓練之後，我認為這裡正是在培養這樣的關鍵智慧，也有一套系統化的方法，協助我們在 #問對問題之後能夠發展出有效的解決方案。

透過限制與創意，
讓思考悠遊在問題的邊界

—— 劉劭穎

問題解決，建構思考的路徑

在密涅瓦我最有收穫的兩個大主題，其中之一就是問題解決，除了工作上的收穫之外，對於生活上也有不少幫助。

讓我們先從一個醫院內可能發生的問題開始。在COVID-19疫情期間，部分確診新冠病毒的病人，會被安排住到隔離病房，主要是要避免在醫院內發生交互感染。除了醫護人員之外，清潔人員也需要進入病房，尤其是在病人出院後的清潔。為了品質管控及預防傳染，在清潔工作完成後，醫檢師會進到病房做環境採檢，來確認病房是否有殘留的病毒。通常他們會在幾個病人手部常會接觸，且不太容易清潔完全的部分抽檢，像是病床的握把下方、門把等處。不過有時採檢的結果會發現有殘留的病毒，於是會合理的推測

清潔工作可能有需要調整的地方。至於要如何改善環境的殘留病毒檢出，這時候針對清潔人員安排教育訓練就變成其中一個解決方案。

這是滿常見的一個思維，就是在工作場域上遇到一個問題，我們可能就會希望透過教育訓練來改善。但如果以問題解決的思考習慣來分析這個問題，可能答案就不一定是辦一場教育訓練。

舉例來說，拆解這個問題後會發現其中一個面向是，使用不同的檢測方法，檢測的目標不同，也會導致不同的結果。如果檢測出有病毒殘留，不代表一定會傳染，可能殘留的部分已經被成功破壞且失去傳染力。如果目的是避免交互傳染，應該是考慮更換檢測方式，改為針對是否有活性的傳染性物質殘留來做檢測，而不是追求病毒殘留零檢出。

如何判斷這是一個好的解決方法？

最近一兩年，中國針對線上遊戲做了一些限制，尤其是針對未成年人。從 2019 年底開始，限定晚上十點到早上八點禁止玩網路遊戲，平常日每天不能超過 1.5 小時，國定假日不能玩超過 3 小時。到了 2021 年，禁令變得更加嚴格，變成只能在週五、週六、週日和法定假日的晚上八點到九點提供 1 小時的服務。後來甚至也將禁令延伸到成年人身上。只

要連續在線4小時及7小時，就會強制停止遊戲15分鐘，之後如果再玩的話，每1小時會再停15分鐘。

　　想當然耳，這個限遊令引起了正反兩極的聲音。有些家長覺得太棒了，小孩玩手遊管都管不聽，現在有限遊令，就能讓小孩把時間拿去念書。也有一些聲音覺得，又不是只有未成年人會沉迷遊戲，成年人也會沉迷。再者，上有政策下有對策，有一種租號的方式，就可以用來規避針對未成年人的限制。後來甚至對成年玩家也有限制，更是引發對於這種防沉迷機制的不滿，像是為什麼連成年人都要管及電競選手需要長時間訓練等。

　　如果是你，會覺得這樣的限遊令是防止遊戲沉迷的好方法嗎？這時我們可以透過問題解決的幾個思考習慣來分析。

　　首先需要蒐集資訊。隨著網路、手機的普及，再加上遊戲產業的發展，網路遊戲造成的遊戲成癮已經是不可忽視的問題。接著我們可以#拆解問題，例如將網路遊戲成癮拆解成手機、網路、遊戲這三個方向。然後我們可以針對改善網路成癮，先列出一些#限制條件。#限制條件跟要克服的障礙不一樣，是指那些必須耗費非常龐大的資源，才有辦法改變的現況。例如耗費巨額的金錢、過多的人力，或是難以估算的時間等。針對手機這個方向，我們不可能限制未成年人不使用手機。因為手機不只是跟爸媽溝通聯絡上需要，在日常生活的食衣住行也都會用到。如果是針對網路，那能否

針對未成年人在特定時段切斷手機的網路訊號？這個方式也不太可行，因為做作業查資料會需要網路，日常生活也需要網路。再者如果在家中使用網路，一切斷網路就全家都會受影響，顯然這樣也是不可行。最後是遊戲這個方向，我們也不可能限制未成年人完全不能玩遊戲，或是讓遊戲變得比較不好玩，這些都會衝擊到遊戲產業。這樣我們就大略地評估了三個方向以及 #限制條件，第一不能限制未成年人擁有手機，再來不能限制未成年人使用網路，最後也不能完全禁止未成年人玩遊戲。

思考 #限制條件讓我們更清晰

　　#限制條件是很好用的一個思考習慣。以前還沒有接觸這些思考習慣，在設想解決方案時，常沒有先考慮到 #限制條件，於是會耗費非常多心力或資源在難以改變的事項上。所以將 #限制條件當作一個限制，反而可以讓我們更將注意力放在解決 #限制條件以外的障礙。常見的 #限制條件有時間、空間或金錢。例如要舉辦東京奧運，那麼在興建東京奧運場地時，時間就是 #限制條件，也就是在一般狀況下，奧運是不會改期的。另外是空間，舉例來說通常開刀的視野有限，也就是無法讓很多人都圍在手術台邊觀摩手術。於是在這個限制當作前提之下，透過鏡頭轉播就是滿足這個 #限制

條件的方法之一。所以 #限制條件就像是把問題勾勒出一個
框架或範圍，讓我們可以聚焦在有機會改變的地方。

　　除了在工作上使用，我在個人生活上也因為這個思考
習慣獲益很多。每個人或多或少都會因為身邊的人事物而苦
惱，在還沒有 #限制條件這個思考習慣之前，有時也會覺得
為什麼事情不如所願。我最大的改變跟領悟，就是將「改變
別人」當成是一種 #限制條件。不管是要改變別人的想法、
行為或情緒，都是一種對自己的 #限制條件。例如常聽到情
侶間想要互相改變對方，但是對方並不按照自己的想法而改
變，就持續因此產生摩擦。但是當我們把改變別人當作 #限
制條件時，就會將心力放在我可以做什麼，或是如何改變我
自己。這並不是一種消極逃避的想法，而是認清我們很難改
變別人。如果一直將改變別人當作主要要克服的障礙，就可
能會一直陷在同樣的迴圈中。或許情緒勒索會一時奏效，但
是長久下來，問題還是會再次出現。雖然我們只能決定自己
要怎麼做，並沒有辦法改變別人，但並不代表放棄。只是把
重心放在自己身上，自己想怎麼做，還可以有什麼不同嘗試
嗎？而不是覺得對方就應該要按照我們的想法。每個人都有
自主權，這就是 #限制條件，同時也讓每個人的界線變得更
清晰。

失焦風險

　　讓我們再回到限遊令這個問題。單純限制玩遊戲的時間，可能有造成一些限制，但還沒有真的解決問題。我們的目標是希望訓練未成年人能夠不要沉迷於網路遊戲中，但是也因此衍生各種鑽漏洞或變本加厲的情形。例如可以在網路上購買成年人的帳號進行遊玩，或是因為變成只有 1 小時可以玩，反而讓他們在遊戲上花更多錢，就為了彌補被剝奪的時間。再來，原本希望孩子們能夠將時間拿去念書，但他們可能為了要鑽漏洞，或是覺得原有的自由被剝奪，反而更將心思放在遊戲上。如此一來，這樣的作法就可能有失焦的風險。也就是為了改善遊戲沉迷，反而讓未成年的孩子們在金錢上或心態上更加沉迷。

　　還記得好幾年前的新聞曾經報導一位父親將孩子的電玩主機摔壞，而孩子受到衝擊太大，一時想不開就選擇自殺。如果我們的解決方案沒有改善問題，那麼我們就需要重新審視、重新 #拆解問題。遊戲設計師雖然越來越厲害，懂得利用設計來讓玩家無法自拔，但同時孩子們沉迷遊戲的原因，也不會只是單純被遊戲設計師操弄。有時候孩子們日常生活中沒有辦法得到的滿足，可以從遊戲中獲得。像是大家一起組隊打怪，或是組公會一起解任務等，這些遊戲中的社交有時候比現實的羈絆還強。自己過去也有沉迷遊戲的經驗，網

路上大家雖然都不知道彼此的真面目，但是一起打過幾場，關係就越來越好，甚至也會一起約時間上線玩。這種形式的社交關係，某種程度很輕鬆，因為在網路上可以不是平常的自己，不用被比較課業，不用管你現實中人緣好不好。當然也會有衝突發生，但遊戲中的社交或許是補足了孩子這方面的需求。另外，在現實中挫敗的人，也有機會在遊戲中展現自己，感覺自己沒那麼糟，從中獲得肯定或成就感。

　　所以如果只是限制遊玩時間，可能在一定程度上會減少未成年人花在遊戲上的時間。但是沒有被滿足或被了解的部分，還是會再另尋出口，甚至因為原有的慰藉被剝奪，反而做出比原本遊戲沉迷更嚴重的事情。所以當我們提出一個解決方案時，還是有必要再問問自己，這樣得到的結果是我們想要的嗎？

用#捷思法與#類比思考來敲開解決問題的大門

　　另一個思考習慣在找出解決方案時很適用。過往我們會覺得創意是無法掌握，是憑空而來，其實我們是可以透過#捷思法。#捷思法包含了好幾種思考方式，像是將合理的想法推向不合理的極限、想像將某個變量減少為零的結果等。以將合理的想法推向不合理的極限來舉例，如果我們希望未成年人玩遊戲練功的時間縮短，那麼我們可以快速讓他們升

級，藉此來減少練功升等的時間。如果再進一步將這個想法推到不合理的極限，就是只要是未成年人，一進遊戲就是等級裝備都全滿，完全不需要升級，也升不了級。雖然乍聽這個方式好像不太合理，不過如果讓他們一開始就滿等，其實很大程度剝奪了遊戲的樂趣。因為難度降低，挑戰的樂趣也隨之減少。另一個方式是想像將某個變量減少為零。例如一個地方如果糧食短缺，但是已經沒有能耕種的土地，也就是土地這個變量變成零。那麼我們就需要跳脫出原本的思考框架，也就是農作物都長在土地上這個想法。如此一來，我們就會想還有什麼可以用來取代土壤，譬如水耕法，甚至還可以大開腦洞，想像其他可能，例如在其他植物或動物身上種植作物等。

　　除了#捷思法，還有另一個方法是透過#類比來找到可能的答案。#類比是搜尋類似的情境下已經有的解法。之前在荷蘭旅行的時候，印象很深的是在參加城市徒步導覽時，當地解說員提到荷蘭的年輕人不抽大麻。大家都知道，大麻在荷蘭是合法的，同時也將大麻體驗變成觀光客來阿姆斯特丹的行程之一。不過對於荷蘭年輕人來說，第一個這件事是合法的，所以吸引力相對於其他不開放的國家來說已經變小，畢竟年輕人喜歡做些跟別人不一樣或有點冒險的行為。再來是因為很多觀光客也會這樣做，所以年輕人做這些事就會很像觀光客，不夠酷。以電玩來說，只要讓年紀大的族群加

入年輕人玩的遊戲，那個遊戲對於年輕人的吸引力就會下降，好比年輕人都說年紀大的人才玩臉書一樣。雖然 #捷思法跟 #類比思考不一定是好的解法，也同樣可能會有失焦風險，不過透過這樣的思考方式，讓我們有脈絡可以依循，並進一步從中獲得靈感，找到新的可能。

思考習慣架構

問題解決包含了兩大類思考習慣：分析問題與思考創意解法。解決問題的第一步是要 # 問對問題，也就是準確描述問題是什麼。我們需要界定初始狀態與目標狀態，以及在兩個狀態之間的障礙。當許多問題混在一起時，我們需要 # 拆解問題，將問題拆分成一系列子問題。在發想新的解決方案前，我們可以先進行 # 差距分析，也就是評估現有的解決方案是否足夠或是可以適當修改。

當我們需要新的解決方案時，可以透過 # 類比來推理。以特定方式來比較兩件事物的相似性，就可以參考類似問題的解決方案。如果為了達成目標，發現難以克服的障礙，可能是因為現實上的限制。區分 # 限制條件，雖然不能直接解決問題，卻可以透過限制條件所劃定的界線，縮減解決方案可能的方向。# 捷思法是使用有限訊息的決策過程與策略，可以幫助我們在不確定的情況下採取行動，產生創造性的解決方案。

本章內容摘要

本章著重在解決問題的思考習慣。一般可能發生的狀況是，一遇到問題，就直接開始尋找解法。雖然解決問題是最終的目的，但這樣的順序可能會讓我們沒有解決到真正的問題，甚至最後反而花費更多時間。結構化的思考像是一張地圖，能夠在過程中引領我們抵達最後的終點。如果問題太大，則需要先進行 # 拆解問題。同時也需要區分限制與障礙，就不會將心力耗費在難以改變的限制，而是專注在排除障礙。

作者們在本章提供了多種不同領域的案例作為說明，像是疫調的數位工具設計、Grammarly 翻譯寫作軟體、造成延誤的承包廠商、育

兒教養的焦慮與線上遊戲限遊令。這些案例涵蓋多種領域，包括公衛、學術、工作與教養，代表這些思考習慣有多元的應用，並且可以在日常生活中實踐，以及避免落入失焦的風險。

第二個重點則是如何為自己備一套創意解方工具箱，包含了 # 類比、# 設計思考、與 # 捷思法。文中介紹了 # 捷思法中的幾種發想法，例如以終為始、將合理的想法推向不合理的極限，或是想像將某個變量減少為零。讓創意不再只是天馬行空難以掌控，而是可以透過思考框架來開拓各種可能性。

延伸思考案例

「被出征」該怎麼辦？如何面對不利己方的網路風向？

在這個人人連網的時代，內容傳播速度遠比以往更快，科學研究進一步發現在社群媒體上帶有憤怒情緒的內容傳播得最快。舉凡怒斥餐廳服務不佳、面試受氣上網發洩、名人爭議言行新聞、或各種精心製作的迷因圖，都可能撩起大量網友憤怒情緒，造成在短短幾小時至一兩天內出現例如以負面留言刷爆留言板、大量一星評論、陌生電話湧入癱瘓公司專線，甚至衍生出各種二創圖文延續戰火等情形。跟著鄉民看熱鬧或許很過癮，但如果你是被出征的一方，該如何運用問題解決的思考習慣來應對這樣的劣勢呢？

提示：可使用的思考習慣如 # 問對問題、# 拆解問題、# 差距分析、# 類比、# 限制條件、# 捷思法。詳細思考習慣操作型定義請見附錄〈密涅瓦大學思考習慣清單〉。

第四章

複雜系統，我學到的是──

觀全局也觀自己的
多層次分析

—— 李佳達

你在找「問題點」，還是「臨界點」？

　　雖然我們總說要培養自己的「全局觀」，但到底要看得多「全」、多「大」才夠呢？這正是密涅瓦大學的招牌課程「複雜系統」要試圖回答的問題。系統思考既要研究整體，又要分析整體內每個組成部分之間的因果關係，甚至還要考量各部分互動下所產生的因果網絡，因此提供了對於複雜問題的多層次分析（multi-level analysis）架構，其中對我印象最深刻的，是透過「臨界點」的概念去重新認識系統改變，甚至崩潰的原因。

　　2020 年加州發生大規模的森林野火，燒毀了超過 300 萬英畝的土地，相當於 1/3 個台灣的面積，超過十萬加州居民被迫流離失所，加上同時發生肆虐全球的新冠肺炎疫情，更

讓整個加州雪上加霜，過去終日享有藍天白雲的舊金山灣區，由於火災產生的**霧霾**，多次偵測到全球最差的空氣品質，我自己許多在矽谷大企業工作的朋友，時常在臉書曬文從自家後院就能看到遠處的火光，新冠疫情都沒有讓他們想逃回台灣避難的想法，無情的野火卻動搖了他們在美國十幾年想要落地生根的堅持。森林大火，這個困擾人類文明數千年的自然災害，很難想像在人類科技都能精準登月、探測火星，甚至製造量子電腦的當下，依然是無法克服的難題。

這其中的關鍵，在於你看的是「問題點」還是發生問題的「臨界點」。

1890 年以來，美國林業局就對於森林火災採取零容忍的態度，不管是自然或人為的火災，只要發現火災，就一定會想辦法撲滅，如果把火災當成是主要的問題，看見問題，解決問題，似乎非常合理，殊不知這種方式卻成為日後火災延燒更加難以控制的主因。

但如果我們只是批評看到火就打火這種策略是見樹不見林，試著擴大規模來理解森林大火發生的成因，馬上又會陷入另一個死胡同，那就是**變量**實在太多了，我們到底要以什麼指標來進行預測呢？大火產生的地點、原因和燃燒方式取決於不同的樹木類型、生長間隔，以及植被組成的比例，森林的歷史影響樹木的年齡，決定了燃燒的難易度，另外是否有河流、道路等火災的天然屏障，也會影響火災的擴散

速度，氣候、溫濕度、雨量、風向都可能牽一髮而動全身，因此直到今天，科學家對森林大火的預測能力大概和預測地震差不多，連一場典型的森林大火大致上會延燒到怎樣的規模，也無法給出一個答案。

只看到眼前的麻煩不夠，放大看整個系統又看不完，這些複雜問題背後真的都沒有規律可循嗎？讓我們先試著轉換到另一個大哉問場景，也許更容易幫你找到思考的方向。

在過去學校的歷史課上，最常出現的考題就是給你四個選項的選擇題，問哪些是導致某個朝代滅亡的原因，比如說明朝為什麼會滅亡？你可能會選朝廷內的黨爭、皇帝怠政不上朝、外族入侵、宦官干政等，但不知道你是否也曾跟我有一樣的疑慮，哪個朝代或帝國內部沒有官僚之間的鬥爭？怎麼可能每個皇帝都一樣勤奮？而且邊境本來就會有各種衝突，外族侵略的野心也不是只有一天兩天的事，確實上述每個理由都有可能成為一個朝代滅亡的原因，但這個原因就足夠充分了嗎？為什麼其他發生類似事件的時刻，沒有造成改朝換代的結果？

抗干擾能力：系統發生改變的邊界

若我們把問題更聚焦一點，可以說我們在討論的核心是「一個帝國或王朝為什麼會滅亡？」那我們可以試著再

把問題規模縮小：「人為什麼會死？」你可能會馬上聯想到每年政府都會統計的國民十大死因，有癌症、車禍事故、高血壓、心臟病等，這些確實都足以致人於死，但為什麼有些人得了這些病，或歷經重大的事故仍然得以生存？關鍵其實不在於這些可能的死因，而是每個人自己身體的「抗干擾能力」。為什麼小孩子跌倒可以哭兩聲馬上爬起來，但一個老年人跌倒所造成的骨折和創傷，合併其他原有的內科疾病卻可能造成致命的感染，光美國六十五歲以上老人跌倒所耗費的醫療資源就占到所有人總醫療費用的6%，因為一般人的身體系統有著應對外在干擾有效的調節與恢復方式，但老人身體系統的抗干擾能力減弱，當意外事故發生時，系統無法再有效維持原來的生存平衡，因而系統就崩解了。

當我們用系統的「抗干擾能力」觀點來看明朝的滅亡，你就會發現過去我們學習歷史的盲點，就是我們太習慣把某個結果歸因於表面單一的原因，而忽略了整個系統內外的影響。沒錯，宦官干政、官員黨爭這些都有可能造成一個朝代的滅亡，但沒有這個帝國內部系統的失靈，就像老人身體的老化因素，這些干擾都不足以瓦解這個系統，當干擾能力大於系統內部的維持能力，我們把這個點稱為「臨界點」，而「臨界點」的現象，成為近代科學家探索所有複雜議題一把最重要的鑰匙。

1942年12月2日，全世界第一個建立起核反應堆的物

理學家團隊準備做一個大膽又極為危險的實驗，他們之前就已經發現鈾原子核會在中子撞擊下產生裂變，釋放更多的中子，這些中子會再去撞擊其他原子核，產生中子雪崩的連鎖核反應，這也是原子彈產生殺傷力的主要力量來源。因此過去團隊為了避免核反應堆失控，他們會在鈾燃料棒之間插入由鎘做成的控制棒去吸收中子，讓連鎖的鏈式反應衰減下來，而今天，他們想嘗試一下，如果把控制棒拿掉，會發生什麼事。

　　實驗開始的這一刻，團隊所有人都屏氣凝神，不敢喘一口大氣。團隊領導者恩里科・費米（Enrico Fermi）開始用繩子緩緩將控制棒抽出反應堆，隨著控制棒的移動，測量高能粒子數量的蓋格計數器就開始發出連續的警示。當然，費米和團隊成員早已在事前算好控制棒拉出多遠就可能會到達引發中子雪崩的臨界值，但就在接近臨界值的位置前，蓋格計數器開始發瘋似的作響，費米終於停下了手上的繩子，因為他知道，核反應堆已經非常接近臨界點，任何單一中子都有可能引發各種規模的核反應，再不停手，第一顆核彈的爆炸紀錄可能就會在美國了。

　　透過這個實驗，科學家總結出兩個關於「臨界點」重要的特性，第一，臨界點有可能透過人為控制或自然發生，第二，只要系統達到臨界點，任何小事都有可能引發對於系統巨大的災難。這個現象迅速在科學界形成一股新的研究風

潮，就如同發現牛頓定律可以應用在地球上萬物甚至宇宙星系一樣，例如地震之所以難以預測，是因為地球板塊緩慢的漂移到達了臨界點，此時任何斷層上石頭的滑動都有可能觸發連鎖反應，引發不同規模的地震。

讓我們回到森林大火的例子，如果我們解決問題的出發點不再是如何阻止森林大火，而是假設如果森林火災必然發生，那人類可以試著做什麼來降低大規模災難性的火災？答案自然就在我們該如何增加森林對大火的抗干擾能力，避免大火「臨界點」的發生。

前面提到早期美國林業局對於火災採取的零容忍政策，總會試圖撲滅各種火苗，強行避免小火災的結果就如同抽出了核反應堆的控制棒，導致森林進一步的老化，死樹、野草、樹葉的大量堆積，為森林積累太多的可燃物，導致進入到足以引發大火的臨界點，這時不管是一小截菸蒂或一個落雷，都可以激起燃燒的連鎖反應，引起難以收拾的大火。

有了「臨界點」的概念，美國的森林管理單位不再去控制中小型的火災，他們甚至會自己製造一些可控燃燒來去除死樹，避免可燃物堆積，降低火災傳播時的植被密度，因此得以有效降低大規模大火的發生機率。

但理解系統的「臨界點」概念，並不意味著科學家就此得到了萬靈的解藥。整個系統當中的抗干擾能力會因為內外各種元素不斷改變，導致臨界點也會有所變化，就像可以輕

鬆跑完馬拉松的健將，如果連續熬夜還堅持要去參加三鐵競賽，仍然很有可能會在過程中體力不支。當加州面臨地球整體的氣候暖化，讓加州的年降水量減少，森林越來越乾燥，還有人口增加和房價上升的壓力，使得越來越多居民來到森林的消防警戒線上建立家園，甚至加州政府近年的預算赤字，排擠了清除 1.3 億棵枯樹的預算，也直接促進了大火臨界狀態的發生，之後只要任何一個意外或天災，都有可能導致加州森林大火的嚴重災情。

　　從上面的例子中，你應該可以發現尋找「問題點」跟探索發生問題的「臨界點」有什麼差別。過去不管在學校或企業的訓練，都在讓你去找單一的標準答案，好像世界的背後都有著一種固定的線性規律，只要得到了 A 就必定通向 B，或只要避免了 X，Y 也不會發生，似乎若能真的找到某個問題點對症下藥，任何問題都能迎刃而解。但這種「問題點」思維似乎在現今複雜的世界現況下越來越不夠用，甚至會導致像上面提到用滅火來遏止森林大火所造成的反效果。我們更需要培養的是看見影響系統如何走向問題發生的「臨界點」，進一步去理解系統內導致臨界狀態發生的互動關係，並且提升整個系統的抗干擾能力，避免問題的爆發。

為什麼身邊的關係總是在惡性循環？

　　會將溝通、表達、談判等人際互動技巧列為必修課的大學已經很少見，但密涅瓦大學卻更進一步，在教授上述這些互動和溝通的思考習慣前，更重要的是讓學生看到「系統」的樣貌，還有自己身處系統中所受到的影響。

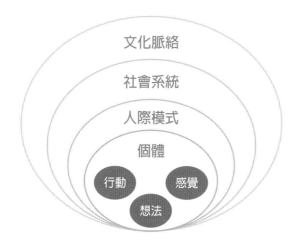

　　每個人在自己的生命歷程中，都會逐漸培養出自己的偏好和慣性，而當每個人都按照自己內建的演算法來感覺、思考及行動時，別人也會接受到我就是這樣一個人的訊號。心理學中的關係學派認為，人與人的最小單位是2，沒有人活在世上只是一座孤島，我們會在不同的關係中扮演不一樣的人生角色，而我們每個人究竟是怎樣的存在，取決於你在每

一段關係中所收到的反饋總和。比如我可能是一個令人尊敬的老師、一個體貼女兒的好爸爸、一個不對老婆說不的丈夫和一個碰到數學就頭大的學生。在這些關係的期待下，我們逐漸形成了和他人固定的人際互動模式，以及與身邊其他人形成社會系統上的分工，而系統的背後，其實還有更大的文化脈絡在制約著每個人的行動。

　　為什麼有些親子、夫妻、朋友關係會不斷惡化？就是當你身邊的人際模式被固定了，但你其實並不喜歡被如此對待，不過你身邊各種關係的對象，卻還是繼續用他們習慣的人際模式和你互動，最後整個你所在的系統，就會處於一種累積臨界點的狀態，等待某一天系統以某種形式崩潰。

　　我自己的親身例子，就是太太懷孕到中期的某一天，突然和我說，她希望雙胞胎女兒一個跟爸爸姓，一個跟媽媽姓，這樣比較公平。我當下的想法覺得這樣安排在強調男女平權的社會也很合理，因此馬上就以行動回覆答應她，但感受上卻帶著一些不安。果然，這個安排讓我的父母非常生氣，甚至感覺自己很不受尊重，不知道怎麼和家族其他成員解釋，為什麼我的女兒會跟別的姓，但在我太太眼中她只看到我們的核心小家庭，認為這個決定根本和我以外的人無關，從而衝突越演越烈，甚至讓後來許多家族的聚會都變得非常尷尬。

　　當我回來用系統分析這件事時，我才逐漸看到全貌。首

先，我其實習慣的人際模式是好好先生，想要照顧每個人的感受，不善於拒絕，因此太太和父母的要求，我通常都會先答應，而他們也都知道這一點；但當太太和父母的價值觀不同，我就勢必會陷入要選邊站的窘境，這個人際模式還默默繼續複製到我和其他系統中的家族成員身上。我發現我很能理解我爸媽所說那種要應付別人異樣眼光的不安，因為他們和我一樣，也都是常把別人的期待放在自己的感受之前。尤其這一切的背後，還有華人傳宗接代的大文化背景，整個社會都更認同的是子女跟爸爸姓這個傳統，也因此當我爸媽表達反感後，我立刻感受到背負著「不孝」的壓力，開始丟一些問題希望去軟化太太的立場，例如雙胞胎姊妹姓不一樣會讓同學覺得很奇怪，想讓她重新考慮，這個行動反而觸發了太太對我父母更不滿的情緒。那個時期對我而言就像處於一個高壓鍋當中，任何小事都可能是系統中的爆點。

　　直到我的心理師提醒我，我的人際模式不改變，不去試著和每一段關係畫出更清楚的界線，這樣的衝突在我的人生中就不會停止，直到把我自己弄到筋疲力竭。我試著讓自己靜下來重新梳理整件事，首先，我需要直面自己的文化衝突，也就是我到底認不認同孩子可以不跟爸爸姓這件事。我發現身為男性，站在傳統的一方其實是更自然且輕鬆的，好像這是身為爸爸的特權，但我更希望我的女兒知道，面對這些既定的價值系統，她們永遠都有選擇的餘地，她媽媽的這

個要求是最好的示範，而她們未來也有權力再去修改自己的姓名。不過即使我有了自己對於文化傳統的選擇，我也不能要求我系統中的其他成員跟著我改變，所以我必須做好其他系統上安排，例如加強外部的保母和托嬰人員支持，不去強求父母同意我們對於孫子的教養模式，更重要的是有意識地改變我的人際模式，懂得和系統中其他的關係說不，以新的行動畫出清楚的界線。

　　上面這整段的自我剖析，其實就是密涅瓦大學複雜系統課程的最後一個大報告：「自我反思」（self-reflection），學生被要求用 3 個思考習慣去重新省思自己所在的系統，還有系統如何影響著你的決策和行動，我多麼希望在大一時我就有機會接觸到這 3 個思考習慣，並且開始進行有效的自我反思。這 3 個思考習慣分別是：#自我覺察（#selfawareness）、#一致性（#conformity）及#責任（#responsibility）。

　　撇開密涅瓦大學課堂上教的知識，如果是你，你會從什麼角度來分析自己，進行自我覺察和反思？你能看到你所面對衝突背後的人際模式慣性嗎？你能夠很明確地表達出你的價值觀嗎？你知道你的想法、感受和行動來自於哪些文化脈絡的制約嗎？如果意識到這些文化上的影響，你會選擇遵從還是對抗呢？你覺得你在每一段關係和你所在的社會系統中，擔負著怎樣的責任呢？

從複雜系統中養成全局觀

──黃禮宏

　　極端氣候如何形成？不被看好的素人爲何會當選？數位貨幣爲何會暴漲？一個原本善良的人爲什麼會變壞？

　　在生活中有非常多問題無法用單一因素來全面解釋，最主要的問題在於其中有太多的因素互相交織，這些因素彼此之間或加成、或抵銷、或獨立，連結成緊密的脈絡，湧現出我們所看到的結果。

　　目前世界上有把複雜系統正式納入必修課程的系所不多，密涅瓦更是首個將複雜系統列爲第一年必修課程的學校，不分大學部或研究所。看似高深莫測的複雜系統，在密涅瓦的獨特課程設計下拆解成即使是大一新生也能理解的一個個思考習慣，在每堂課思考習慣的練習中，一步步更新大腦的作業系統，建立起奠基於複雜系統的思考方式。

　　基礎的複雜系統思考習慣有六個，在此舉一個簡化過的影響新型加密貨幣（以下稱小幣）價格波動因素爲例來輔

助說明。#系統描繪（#systemmapping）是從多種觀察角度
來描繪系統，例如信仰者分布、名人推薦、行銷操作、貨幣
行情連動、政府監管等。#多層次分析（#levelsofanalysis）
是從簡單到複雜的不同層級來看這個系統，例如個人層面可
以做支持者分析、群體層面可以做加密貨幣交易所及社交媒
體分析，全球層面可以做加密貨幣流動性、法幣量化寬鬆、
政府監管方式的分析。#網絡分析（#networks）是用來呈現
系統內每一個節點之間的關係，訊息如何傳遞，什麼是關鍵
的節點，而什麼是相對較邊緣的影響因素，例如在下面這個
精簡過的網絡圖中，可以看到在整個網絡中，比特幣價格、
信仰者、小幣的流動性是比較關鍵的節點，對於幣價影響較

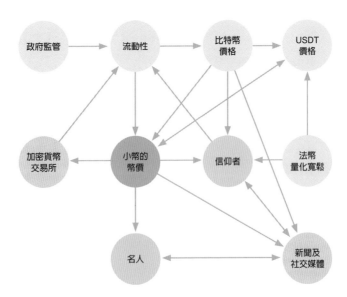

大；而地方性的政府監管在整個網絡中連結的節點很少，至少在現階段，對於全球性的加密貨幣價格並不是主要影響因素。

#複雜因果關係（#complexcausality）則是分析這些因素之間互相產生的影響，例如信仰者越多，持有小幣的人越多帶來更高的流動性，進而推升幣價，幣價推升後又帶入新一波的信仰者，這是正增強迴路（positive reinforcement loop）；名人推薦則未必都是正面的影響，以經常在推特上發表加密貨幣見解的伊隆‧馬斯克（Elon Musk）為例，追蹤他過往的發言，雖然早期對於推升幣價確實有明顯效果，但隨著時間累積，影響的效應已經沒有那麼顯著，有時甚至還會被視為反指標。

在#系統動力（#systemdynamics）這個思考習慣中，提到了吸引子（attractor）與臨界點的概念。吸引子是系統中相對穩定的點，個體在能量累積到足以跨越臨界點之前，即使再努力最後還是會回到吸引子附近。以加密貨幣的熱門程度為例，在剛開始發幣時雖然可以透過幣圈同好、名人、媒體等帶起短時間的行情；但在目前世界上超過萬種的加密貨幣中，真正能夠跨過熱門程度的臨界點而產生流動性跟使用場景的幣種少之又少，絕大部分都是跌破發行價的乏人問津狀態。要跨過這個臨界點，不只是把幣做出來後炒一波熱度，還需要投入驚人的資源做行銷、社群經營、生態系打

造，可能需拉長戰線到數年最後仍不保證成功。

　　最後，加密貨幣呈現出 #湧現（#emergentproperties）
的特性。我們常聽到的加密貨幣「挖礦」，實際上做的是
記帳，記帳者成功處理轉帳後可以獲得一筆額外的加密貨幣
做為獎勵，就像礦工挖到黃金一樣。在這個運作機制之下，
全世界許多電腦都加入記帳的行列，形成去中心化的運作模
式，帳本分散在全世界的電腦中，而不是某個金融機構的伺
服器裡。這個特性使得轉帳記錄幾乎無法竄改，造就了加密
貨幣的高安全性。另一方面，去中心化的特性也讓單一國家
的監管變得非常困難，幣價也不會因為單一國家的封禁就直
接歸零。

　　對當初以此為題來做期中報告的我而言，重點並不是
幣價漲跌，而是不論看好或看衰加密貨幣，都能基於更深入
的思辨之後，產出自己的解讀。熟練這一系列的思考習慣之
後，比較不受限於原本固定的線性思考模式，即使是面對完
全陌生的領域，也能用多個角度拆解原本看不清的現象，理
解 #湧現背後的因素與動力。

行為作為一種複雜系統

　　一開頭提到的氣候、貨幣、選舉，這些主題本身就錯綜
複雜，要用複雜系統的觀點來理解並不難想像；然而人們看

似簡單的行為，透過複雜系統之眼也會得到更豐富的理解，並產出更多元有效的解決方案。

有些福利不錯的公司會設點心吧，全天候供應同仁們點心跟飲料，原意是讓員工不用走太遠就能隨時補充體力，保持最好的工作狀態。但過了一陣子他們發現，那些原本只是下班後吃洋芋片和巧克力的同仁，有了公司內的點心吧之後變成整天都在吃。如果想要改善一群人愛吃高熱量零食的飲食習慣，讓他們吃得更健康，可以怎麼做呢？

如果用改變認知的角度來思考，假如能夠改變這些人對食物的認知，就可以改變飲食習慣，可能會想到用鼓勵的方式，透過文章、圖片、影音的組合來正面宣導健康食物的好處、負面宣導高熱量零食對健康的危害。如果資源多一點，甚至可以安排營養顧問諮詢，為個人打造健康的餐食選擇。這樣做的成效有限，主要原因在於「知道」跟「做到」之間的落差很大，即使同仁們對這些資訊照單全收，從此了解哪些食物才是應該吃的，但在面臨愛吃的高熱量零食時，身體仍然會一次次做出誠實的選擇。

另一種直覺會很快想到的作法是禁止。公司停止供應這些食物、發公告禁止吃高熱量零食、甚至規定如果在公司吃這些東西被查到就罰錢，來強硬的阻止同仁做出不健康的飲食選擇。但禁止可能使人產生被剝奪感並進一步形成反彈，他很可能在別人看不到的地方反而吃得更多，或者雖然不吃

了，但因這些禁止措施對公司產生不滿，越是禁止勞資關係就越緊張，落入 #複雜因果關係中的增強迴路。另一方面，強烈的禁止措施可說是殺傷力強的大絕招，剛開始用效果可能很好，但在多次訴諸禁止措施則可能會使效果快速遞減，甚至產生的反效果大於原本的目的。

　　要改變行為，除了改變認知這種直球對決的方式，還有沒有其他可行的方法呢？

　　丹尼爾·康納曼在暢銷全球的著作《快思慢想》中，提到人的思維模式可以分為兩種，系統一是直覺的，不經思考、快速、不費力、容易受到情境與情緒影響；系統二是理性的，相對較慢、比較耗費認知資源、需要刻意為之、相對不容易受到情境與情緒影響。

　　複雜系統的其中一堂課提到了 #助推（nudge）這種作法，概念是把人輕輕推往某個方向，並不禁止原有的那些選擇，也不透過經濟上的激勵或限制來改變人，那些你不希望對方選的選項仍然存在，要選仍然不受阻擋，只是透過改變選擇架構（choice architecture）來影響人們不自覺地朝你希望的方向行動。

　　來自某知名軟體公司的同學分享了該公司如何讓同仁吃得更健康的經典案例：將點心區經過特殊設計，眼睛視線能夠平視、不需上下移動頭部，並且隨手可取得的範圍，放的都是比較健康的堅果、水果乾、包裝水、無糖飲料等；至

於可樂、汽水等高糖分的飲品，必須要蹲下來才拿得到，而巧克力和洋芋片甚至不會一眼直接看到，而是要打開抽屜。

在忙碌的工作中，大部分的人走到點心區只是為了隨手抓個東西果腹，接著就趕去開下一場會，如果沒多想，很可能走過去只會抓個最方便而且不討厭的東西就走。這個看似簡單的作法，2013 年在紐約分公司測試時，使 2000 名員工在七週之內，總共減少攝取了 310 萬大卡來自巧克力的熱量，相當於 9 台販賣機裡的巧克力總量。另一個實驗結果顯示，光是改變包裝水跟汽水的擺放位置，就讓員工的平均喝水量高出了 47%。

還有沒有其他的方法呢？相信聰明的你可能已經想到了，那就是多種方法的組合。透過宣導讓大家認識如何吃得健康、用改變選擇架構的方式潛移默化、成立健康飲食社群以增加組織網絡中注重健康者的影響力，以及各種可行的方案。隨著健康飲食從原本隸屬於某部門的工作（中心化）漸漸變成團體中的共識（去中心化），即使把那些宣導、選擇架構、社群因素抽掉，已經在整個公司裡#湧現的健康飲食習慣仍會持續下去。

關係作為一種複雜系統

不論是與伴侶、家人、同學，還是同事之間的關係，

都不是永遠不變的。你是否也曾回頭想找回當初的熱絡和感動，卻在空忙一場後只能感嘆「回不去了」？

以學生時期的交友圈為例。出社會後過了幾年，交友圈中的每個人會隨著時間有各自不同的成長與改變，使得#系統描繪多出了新的理解角度，而成長方向的不同也可能讓成員之間逐漸產生隔閡。在#網絡分析中，隨著每個人各自在新職場或交友圈產生連結，甚至成為那些圈子裡的關鍵節點，表面上擴大了整個複雜系統，但是也相對讓原本同學之間連結的重要性變低。直到某天彼此的生活重心及交友圈差異大到超過臨界點，關係就回不去了。

在經營關係時，嚴格說來我們本來就無法回到過去，無法百分之百重現任何事情，我們能做的實際上都是「改變」。不論是抽走原有的或是加入新的，都只會#湧現成一個新的樣子，而不會跟以前一樣，因為最根本的，我們自己也都不一樣了。

一切都是因

在探討#複雜因果關係的課堂上，老師分享了一段發人深省的話：「在密涅瓦以思考習慣為主軸的教學中，有以原因（cause）為名的思考習慣，但沒有以效果（effect）或結果（consequence）為名的。因為如果用連續及非線性的

角度來看，一切都是因。過去的諸多原因#湧現出目前的結果，當下以為的結果仍是#湧現出未來的眾多原因之一。」

以這樣的概念回頭看決策，可以說沒有任何一個行為或決策本身能代表最終結果。對這個世界而言，我們的每個舉動都是在種下大大小小的因，我們在做決定時不只要看當下產生什麼效果，更要把這個決策及這些效果視作影響未來的因，並跟其他潛在的因放在一起考量。複雜系統不僅僅是一堂學習如何解讀系統的課程，更是一段養成全局觀的歷程。

人本主義心理學大師卡爾‧羅傑斯曾說：「自我，是一個人在過往時空裡一切體驗的總和。」養成全局觀的目的不是為了看得更大或看得更遠，而是試著在回答人生三問中最根本的一問：我是誰？或者用複雜系統的語言，這一刻的「我」，是什麼「因」的#湧現？每個決策又將如何牽動這個世界的「果」？

Better Than Nothing，在複雜系統中還是能找到一道光

—— 劉劭穎

這世界雖然複雜，但我們還是可以試著理解

　　複雜系統跟問題解決是我在密涅瓦中最喜歡的主題。尤其複雜系統，可以說是密涅瓦的招牌課程。我還記得教授在我們剛結束課堂活動後說的一段話：「這世界雖然複雜，也沒辦法百分之百理解，但最棒的是我們可以透過學習比昨天理解更多。」其中一個課堂活動是在練習透過電腦模擬模型來預測候鳥群的行為，過程中將候鳥成群飛行的方式進行拆解，列出幾種參數，例如飛行的速度、最小的個體距離、從眾飛行的意願，或視野的角度等，再將這些參數放進電腦進行模擬。我們被要求調整參數來形成最大的鳥群，各組卻都遲遲跑不出最好的設定。因為任何調動都會在這個複雜系統中產生連鎖反應，導致很難靠調整一個參數就達到想要的

結果。不過就算是這樣，電腦模擬的模型還是有它的用處，可以讓我們很方便地觀察到各種可能性。雖然我們無法百分之百預測這個複雜的系統，但可以透過學習複雜系統這個主題，讓我們對這複雜的世界有更多的理解。

利用「相空間」來理解複雜系統

　　有關複雜系統，我最喜歡的一個概念是 #系統動力中的一個概念：相空間（phase space）。複雜系統會隨著時間變化，而相空間可以用來描述和預測這些變化。相空間可以是一維、二維也可是三維以上。我們先以一維來舉例，下頁圖中的曲線或像是山峰跟山谷。其中山谷的最低點，就是吸引子（attractor）。吸引子是一個穩定存在的點，可以想成球滾到最低點就不會再移動。相空間中除了吸引子之外，還有一個延伸的名詞：吸引盆地（basin of attraction）。吸引子可以被描述為被吸引盆地所包圍。山谷的寬度就是吸引盆地的範圍。而盆地邊界的點就是臨界點。如果球因為外力移動，離開了最低點的吸引子，但是因為沒有超過臨界點，所以又會往最低處的吸引子移動，最終還是停留在最低點。除非能量夠大，能夠將球推移出臨界點，這時候球就會進到另一個盆地，最後停留在另一個山谷低點的吸引子上。而逃離盆地需要的能量，就是山谷的深度。

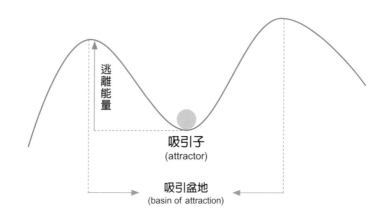

逃離能量

吸引子
(attractor)

吸引盆地
(basin of attraction)

　　如果以二維來舉例，相空間的架構很像是時間管理矩陣的框架。在時間管理矩陣中，其中一軸是緊急跟不緊急，另一軸是重要跟不重要。透過兩個軸，可以將矩陣劃分成四個區域。另外一個類似的框架是 XY 軸，不過最大的區別是單一軸上並不代表實際刻度，比較是代表相對的不同概念。也就是說，看起來像是 XY 軸，但是相空間跟數字、數學無關，而是描述一個平面空間。

　　在相空間中，可能會存在好幾個吸引子，而不是只有一個。至於找到吸引子的其中一個方法，是透過觀察，識別出大多數情況都穩定維持的那個狀態。以一個生活中的例子來說，如果其中一軸代表食物的溫度，像是火鍋跟剉冰，而另一軸是氣溫。那麼在這個例子裡，至少會有兩個吸引子，分別位在天氣熱（夏天）吃剉冰的位置，另一個則會位在天氣冷（冬天）吃火鍋的位置。也就是說在夏天吃剉冰這個狀態

比較穩定存在，冬天吃火鍋這個組合也比較穩定存在。當然夏天仍有人會吃火鍋，冬天還是有人會吃冰，但是這兩種組合都不算是吸引子，因為不夠穩定。以下圖中所示，圓點是吸引子，代表穩定的點，盆地（三角形部分）是向穩定點移動的不穩定點。而白色區域則是無法預測的不穩定點。以這個例子來說，也就是在白色區間，有可能會選擇吃火鍋，但也可能會選擇去吃冰，並不會形成一個穩定的狀態。

　　而吸引盆地的形狀也有各種可能性，一樣是需要透過觀察與測量，才能描繪出來。以業餘籃球隊的風格來舉例，一個維度是球員的個人表現，另一個維度是團隊合作。下頁圖中顯現出有各種不同的可能。例如相空間 #1，有三個吸引子，分別為 A 點（低合作／低表現）、B 點（高合作／中度表現）、C 點（低合作／高個人表現）。也有可能只有兩個吸引子，不是往最好的方向，就是往最壞的方向，如相空

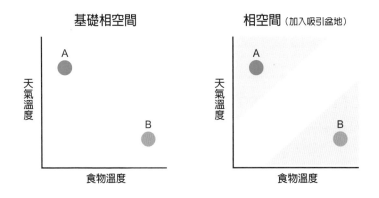

間 #2 所示。在維度的選擇上，雖然不是像傳統的 XY 軸有明確的數值大小，但是仍然需要選擇可以量化、可以測量、也會隨著時間增加或減少的屬性。在應用上，如果我們將相空間描繪出來，遇到有變動時，就能進一步利用相空間來作分析預測，例如是否會回到原本的點，還是會跨過臨界點，往另一個吸引子靠近。

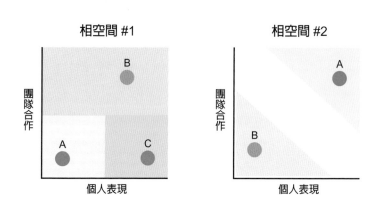

相空間 #1

相空間 #2

團隊合作

個人表現

2020 遷徙年

由於 COVID-19 的關係，2020 年開始，對於全球來說都是有著重大動盪的一段期間。在二十年前的 2000 年，當時也有著一個全球性的重大衝擊。2000 年也被稱為千禧年，在那之前因為要節省電腦的儲存空間，年分都只用兩

位數字來表示，例如 1998 年被表示爲 98，1999 年被表示爲 99，而 2000 年被表示爲 00。但到了 2000 年之後，電腦有可能會將 00 誤判爲 1900 或 1800，進而造成裝置停止運轉，甚至進一步造成大範圍的災難。而這個問題，也被稱爲千禧蟲危機。以相空間的概念來看，因爲 2000 千禧年的到來，對於用二位數代表年分的吸引子，產生了巨大的推力，於是將它推離這個吸引子，後來就停留在目前的吸引子位置，也就是使用 32 位元二進制來儲存時間。

　　如果說 2000 年是千禧年，我覺得 2020 年同樣也是遷徙年。從相空間的概念來看，從 2020 年開始，全球至少出現兩個重大的遷徙。第一個就是從實體移至線上。因爲疫情關係，尤其是疫情比較嚴峻又持久的國家，像是美國。因爲不能一直讓學生們都在家自學不上課，於是在疫情帶來的強大推力下，大學教學從實體教學的位置，被推到虛擬線上的位置。同樣的情形也發生在遠距上班。原本遠距上班就有少部分的公司在進行，但是很難推廣，因爲沒有發生特別大的#系統動力，將吸引子從實體上班推向遠距上班。也就是原本的系統有兩個吸引子的位置，一個是實體上班，一個是遠距上班，但是實體上班這個位置周圍的盆地比遠距上班還要深很多，也就導致實體上班這個位置不容易被改變。不過就算因爲疫情關係被推往遠距上班的位置，由於遠距上班或開會的這個盆地並不夠深，所以只要疫情的推力減弱或消

失，就又有部分會再流向實體上班或開會。

　　所以我們可以想像這個複雜系統，基本上是在幾個吸引子的位置間移動，也就是等系統穩定到一個程度，就只會出現這幾個點的狀態。但是在不同的點之間，有著深淺寬窄不一的盆地，位於比較深廣盆地的吸引子，就需要更大的外力才能將其移出臨界點。如果外力不足，稍微震盪之後，還是會回到原本的位置。

　　另一個從實體遷徙到線上的例子，也可以很明顯在餐飲業上觀察到。因為疫情而無法到餐廳吃飯聚餐，為了因應調整，許多過去不曾出現在外賣平台的知名或高級餐廳也因此改為提供線上外賣服務。但因為到餐廳吃飯不只是解決吃的需求，還有過去的習慣與社交上的需求，所以當疫情這個推力減小之後，人們還是會再往實體餐廳移動。不過因為過去曾經在短時間內大量的人們都改為線上訂餐，也造成了外賣訂餐這個位置的盆地加深。所以#系統動力的改變不只是改變吸引子的位置，同時也形塑了整個相空間，像是吸引盆地的深度與寬度。

　　同樣的道理，也可以應用在預測上。在疫情期間，尤其是新聞爆發本土群聚消息時，我們可以觀察到急診的來診量變少。這現象之前也發生在SARS的期間，大眾因為未知的恐懼，會選擇盡可能不到醫院去。所以在疫情開始的那段時間，急診的看診量都普遍變少。於是我們就會想，如果這樣

的來診量，並沒有讓民眾帶來重大的醫療問題，那是不是其實民眾沒有那麼需要到急診就醫。不過這樣的情況並沒有維持太久，雖然疫情的推力將大眾推向盡量不到醫院就診，但是當這個推力減輕時，會發生什麼事？這時候我們就可以先描繪出急診就醫的相空間，就會發現，其實造成民眾會傾向使用急診或是醫療資源的#系統動力，更大且持續的動力是健保的設計。

健保的設計就像是吃到飽，每個人每月固定付一筆健保費，再加上相對便宜的掛號費跟部分負擔，於是會將相空間深化在不是急重症問題也會選擇掛急診。再來因為健保費是根據收入來計算，而不像是一般保險，如果申請越多次理賠，未來保費就越高。再結合到人性上的常見思維，像是到吃到飽餐廳，很難不會想要撈本多吃一點。再來是就算很少去看醫生，也不會有什麼明顯的回饋，像是保費的減免。於是如果健保設計造成的這個#系統動力還在，那麼只要疫情的推力消失，我們就可以預測急診的來診狀況跟來診數量，很快又會回到原本的位置狀態。

疫情帶來的第二波遷徙

如果說從實體轉移到線上是第一波遷徙，人們從注重身體健康也開始往心理健康遷徙。這一兩年，我們可以觀察到

有越來越多名人或 YouTuber 開始會公開談論自己的心理狀態，在過去這並不常見。因為我們通常將心理狀態視為是自己的一部分，有時卻將身體認為是自身之外。

　　這個有趣的現象在急診室也常觀察到，第一個情況是有些人會將身體不舒服當作社交上的工具。像是一對情侶可能在看診時病懨懨的，但是當在等候報告的時候，卻很有活力地在進行討拍跟拍拍的動作。身體不健康可以用來索取關心，也可以用來表達愛意與付出。我認為這是一個合理的社會現象，不過我想探討的是如果是心理不健康，我們會比較直接等同於我這個人自身有問題，而不像是身體不健康這樣，比較容易跟自我切割。

　　另一個現象也可以在部分醫療人員觀察到，就是對於精神疾病病患的耐受門檻比較低。小時候我們常會罵人神經病，其實罵的是精神病，也就是我們用心理健康或精神狀態來當作言語攻擊。這行為背後的原因，就是因為我們瞧不起精神或心理狀態有問題的人。我個人認為醫療人員對於精神病患的耐受度較低的原因有兩個，第一個是我們比較不把精神病患當作急診的病人，我們更傾向將心肌梗塞、腦中風或是重大車禍等病人當作病人，也就是身體上有重大問題的病人。第二是通常我們對於那些在急診室精神疾病發作，難以控制地大吼大叫的病人，相對有一種無力感。因為對於這類病人，我們的處理方式比較有限，可能就會先評估後，選擇

先打鎮靜劑與其他針劑，然後等待精神科醫師會診。跟心理精神有狀況的病人比起來，我們對於身體上有重大問題的病人，掌控度跟處理能力更熟悉與有把握。

　　為什麼人們普遍傾向偏重身體健康，而不是心理健康，很重要的一個原因是因為心理或精神就代表我們自己，而承認自己心理上有狀況，就代表承認或揭露自己的軟弱。身體上出狀況，只要不會太嚴重，我們比較能跟自身價值切割，也就是身體壞壞不是我壞壞。但因為疫情的關係，心理健康變得越來越受重視，也因此越容易被拿出來討論。像是長時間的居家隔離，或是在旅館待滿十四天的隔離等，還有疫情帶來的經濟衝擊與計畫變動，都讓大家在心理上產生很多不適應，而且也沒有其他活動可以轉移注意力。所以第二個遷徙是人們開始從重視身體健康，移往心理健康。除了可以看到越來越多公眾人物比較願意揭露自己的精神狀態，而且民眾也比較能接受所謂一個人本來就會有狀態不好的時候。而民眾之所以更能理解公眾人物的情況，某一程度也是因為在疫情下每個人在心理上或多或少都有受到衝擊。另一方面，透過公眾人物的自我揭露，某一程度也讓觀眾知道原來不是只有我有問題，也因此比較容易表達或揭露自己心理上的狀態。

人，也是一個複雜系統

　　生理上，身體是一個複雜系統。人體有著設計精細的酸鹼值平衡系統，有著複雜的能量使用與儲存系統。在大多數情況下，人體都處在一個平衡穩定的狀態，也就是維持在一個穩定的吸引子位置，例如人的血液的酸鹼值通常都會維持在一個固定的範圍內，不管我們吃酸的吃甜的或吃什麼東西，身體都自然會調節維持在一個平衡。相空間的概念也可以用在人體上，如果超過一個臨界點，身體的平衡系統就會崩潰，通常就會一路向下到另一個無法挽回的位置。這種現象在有多種疾病的老人或小孩身上更為明顯。所以有時候當發現剛來診的病人已經過了那個臨界點，除了該做的處理，我們也會同時先讓家屬先有心理準備，減少他們的心理衝擊。

　　但人不是只有生理，當然還有心理。用拆解的方式可以讓我們比較容易理解複雜的系統，例如將人體分成心臟科、胸腔科、腸胃科等，但是所有拆解的總和並不能簡單地用來代表整個複雜系統。同樣道理，我們將人的問題拆解為生理問題跟心理問題，一樣是便於理解與處理，但是我們卻不能忽略這是一個整體的系統，而不是單純地將兩個系統相加。於是在我們重視身體健康的同時，心理健康也是人體這個複雜系統中不可忽視的部分。雖然這個疫情帶來很多衝擊，但是因為疫情的推力，將對於將身體健康的重視推往心理健康

這件事，還是一件值得開心的事情。

　　在密涅瓦的課程中，也有幾個關於心理層面的思考習慣，像是#自我覺察、#個體差異（#differences）、和#心理成因等。當我們在處理人的問題，不能再將人單純劃分為理性與感性，而是要將整體當作一個複雜系統來思考。過往的教育通常都著重於知識與技能，比較少提到態度。同樣的如果我們用「不能」「不想」「不會」來#拆解問題，就會發現我們很多教育或訓練，都只著重在解決「不會」這件事情上。不會這件事還好解決，只要有意願，現在網路上的資訊太容易取得，也不一定要我們教。但比較大的問題是「不想」，就是對方可能會做，但就是不想這麼做。所以如果我們不往心理層面開始認識，我們不管怎麼改善教學技巧與學習理論，還是改變不了「不想」這件事。

　　理解自己，就更能理解別人。人本來就是一個複雜系統，我們每個人都不同，但也都有相同之處。以前我無法理解有些態度不好的家屬，後來直到自己成為病患的家屬時，才能理解原來這個情緒或語言表面，可能代表著羞愧、遺憾或是無力感。如果少了這層理解，還是按照傳統處理事情的方式，可能也無法真正改善問題。人是一個複雜系統，外界也是一個複雜系統，而或許在 AI 時代來臨前，是時候讓我們可以開始往更理解自己的方向前進。不會的問題或許可以交給 AI，但是不想的問題，只能留給我們自己。

本章重點回顧

思考習慣架構

在密涅瓦複雜系統的課程中，包含了 4 個主題及 22 個思考習慣：複雜系統內的相互作用、談判與說服、解決道德問題、及與他人合作。為了理解複雜系統內的相互作用，我們需要利用相空間來描述和預測隨時間而變化的 # 系統動力，同時也需要透過 # 系統描繪，以各種方式對系統進行解構與概念化的重現，就像地圖可以透過地形特徵來表現地理現實一樣。為了理解和解釋複雜系統的特徵與行為，人們可以在不同的規模或層面進行分析，例如個人（微觀）、群體（中觀），以及系統（宏觀）層面，也就是 # 多層次分析。為了解開複雜系統行為的原因，我們需要應用到 # 複雜因果關係，來找出多種原因與它們的相互作用。# 網絡分析則可以了解一個系統內各代理人之間的關係與連結，幫助我們理解思想、訊息或資源，是如何在一個系統中傳播的。

而人身為社會系統中的一部分，我們會需要與他人合作，或是進行談判與說服。當與他人合作時，我們會需要 # 責任感、# 情商，也需要理解 # 個體差異。透過 # 自我覺察，可以對自己形成客觀的評估，才能制訂自我改進的策略，同時也能對他人的自我評估更加敏感，進而相應地調整與他人的互動。

本章內容摘要

本章提到了幾個複雜系統內的重要名詞與生活上的應用。首先是「臨界點」的概念，作者們透過加州森林大火的案例，從早期林業局對於火災的零容忍政策，到試著增加森林對大火的抗干擾能力，避免大火臨界點的發生。再者因為每個個體都處在系統之中，透過自身家庭經歷，應用 # 自我覺察，來分析自己與人際模式慣性，與社會

系統中擔負的責任。另外還有透過加密貨幣的行情波動分析，來說明複雜系統的思考習慣，像是 # 系統描繪、# 多層次分析、# 網絡分析、與 # 複雜因果關係。也介紹了改變行為的一種思考習慣 # 助推：藉由改變公司中汽水與洋芋片的位置，讓員工選擇比較健康的食物。

本文也介紹了「相空間」的概念來理解 # 系統動力，及進行預測。像是因為疫情的影響，造成了實體與遠距上班，以及內用與線上訂餐的變動。再來也因為疫情，人們不只在意身體健康，也開始更在意心理上的健康。透過 # 自我覺察、# 心理成因，我們更能認識自己與分析自己，正視與接受個體的差異性，同時我們也能將未來的教育，從只是教導「不會」，進到讓學生們理解為何「不想」。而越能理解自己，就越能理解別人，也就更能讓自己在複雜的系統中活得更好。

延伸思考案例

在 2021 年，萬華因為疫情的關係，頓時成為全國熱門的關鍵字，尤其是萬華街區特殊的組成，包含街友、阿公店與茶藝館等，也成為大眾茶餘飯後的話題，也引發如何控制疫情的爭議。但是一時的驅趕並無法解決問題，我們該如何應用複雜系統的思考習慣，來改善無家可歸的問題？

提示：可使用的思考習慣如 # 複雜因果關係、# 系統動力、# 系統描繪、# 多層次分析、# 湧現、# 網絡分析、# 助推，# 道德考量，# 道德判斷，詳細思考習慣操作型定義請見附錄〈密涅瓦大學思考習慣清單〉。

第五章

決策思維，我學到的是——

建立演算齒輪，
打造你的決策系統

── 李佳達

　　你是否思考過，你看似終其一生無法企及的強者，跟你的差距到底在哪裡？雖然在密涅瓦大學看到了來自全世界的佼佼者，但總感覺和大家的差距是只要花時間，還是有機會追得上的。

　　我第一次感受到知識被徹底碾壓的渺小感，是在台灣大學對面溫州街小巷的地下室，一個特殊的緣分，讓我能有機會短暫師從於當代國學大師愛新覺羅毓鋆學習《易經》和《孫子兵法》，上毓老師的課時他已年過百歲，上課卻仍然聲如洪鐘，每一字都能鏗鏘有力地透進我的腦門當中。在毓老師的身上，我才第一次體會什麼叫「六經皆我註腳」，每一堂的課名其實並不重要，因為從任何一個字出發，老師都能信手捻來把各個經典的脈絡串在一起。同樣讀到一句文言文，我們讀到的只是一句話，老師看見的卻是一個網狀的知

識結構，我想這也是為什麼老師無論遇到任何時代的大風大浪，只要新的資訊進到這個知識之網中，都能自動被轉換成是「一以貫之」的決策模式，找到自己安身立命的準則。

課程中最讓我印象深刻但也無法參透的，是老師《易經》課堂中反覆提到的一句話：「學《易經》，每個字都得算。」如果無法理解這句話，就不會知道為什麼「善易者不卜」，也就是真的讀通《易經》的人，就不再需要卜卦。換句話說，不會「算」，就稱不上理解《易經》。如果學《易經》到最後根本就不需要占卜，那這裡的「算」很明顯指的不是「算卦」，所以這些方塊字，到底該怎麼「算」？

演算法：目標、槓桿、數據緊密咬合的決策齒輪

這個疑惑一直到我上了密涅瓦大學的數據決策課，我才恍然大悟，原來「算」指的不是「計算」，而是「演算」，那到底什麼是演算？為什麼打造自己的演算法很重要？要回答這個問題，需要先了解我們的決策系統是如何運作的。

你可以想像每次當你要做出某個決策，在你的大腦中，都有三個齒輪在運作：目標、槓桿和數據，可以說這三個部件的連動構成了你的決策系統（見下頁圖）。當你需要做出某種決策，就代表你所選擇採取的行為將會帶來對於現況的改變（即使選擇不採取行動，仍然代表你必須耗費一定的能

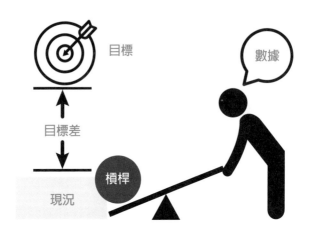

量來維持現狀），追求改變意味著你不滿於現況的某些狀
態，現況加上與你理想值的差距就是你想達到的「目標」。
有了目標後，我們會開始檢視手上有的選項，從當中找到我
們可以採用的手段，用以撬動現況往我們想要的目標前進，
這就是我們所選擇的決策「槓桿」。接著你開始用手邊既
有的，或可以蒐集到的相關「數據」資料，來試著分析槓桿
手段是不是真的能夠幫助你達到目的。這裡所指的是廣義的
「數據」，包含了決策需要的知識、經驗、過去累積的種種
歷史資料紀錄，以及為了驗證你的模型，透過模擬器所創建
出來增強你預測能力的訓練資料。

　　例如你想要幫你的商店提高營業額（目標），你會盤點
自己有哪些手段有可能幫助達成目標，例如降價、給贈品、
提供滿額免運費等（槓桿），接著你開始用手邊既有的，或

可以蒐集到的相關資料（數據），來試著分析槓桿手段是不是真的能夠幫助你達到目的。你發現你有的資料包括顧客的購買紀錄、年齡、區域分布，從年齡分析中，你覺得其中年輕學生的客群應該會很喜歡限量的《鬼滅之刃》動畫周邊小物，最後決定用消費滿額送日本進口鬼滅之刃手機吊飾當作決策的槓桿，來達成增加營業額的目標。

「我覺得」是應對未知最危險的演算法

　　大部分人的決策系統運作到這裡就結束了，這裡體現了決策高手和一般人最大的差別，你可能也已經發現潛藏在上一段中的一個關鍵字「覺得」。

　　一般人在決策過程中，其實很難透過「數據」來確認「槓桿」和「目標」之間的因果關係，這個商家因為客戶群中有大群年輕學生，「覺得」年輕學生喜歡《鬼滅之刃》，「覺得」喜歡《鬼滅之刃》動畫的客戶也會想要同款的手機吊飾，甚至會為了得到這個贈品而買更多東西。「覺得」就是這個商家的決策演算法，所謂的「演算」，就是在決策過程中把「數據」「槓桿」「目標」連結在一起的方式。我們決策系統運作的完整模式是，當我們從現實生活中接收到某種需要決策的訊息，透過自己的「演算」，最後在腦中輸出一個決策的答案，並採取行動。決策高手和一般人最大的差

別，就是「演算」的效率，他們可以透過自己的演算，大幅
降低用「槓桿」達成「目標」的不確定性。

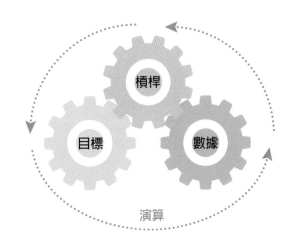

　　「覺得」這個演算法，可以說是透過運氣加經驗來進
行「槓桿」效果的預測，背後有很大的不確定性。更關鍵的
是，這個演算法很難優化，因為就算這次賭對了，你還是不
知道到底決策成功背後的原因是什麼，無法提升下次遇到類
似決策的預測準確率。任何決策的風險都在於「槓桿」使用
是需要成本的，當面對很大的不確定性，再加乘上沉重的槓
桿成本，只要一預測錯誤，就會蒙受極大的損失。
　　我自己體驗過最深刻的案例，發生在我從哈佛大學回
來後的第一個工作，那時我擔任科學園區一家科技公司的
法務長，當時公司遇到國際景氣的大衰退，產品需求銳減，

造成市場價格崩盤，幾乎所有同業都處於賣一件賠一件的狀態，因此大部分都決定把工廠產線暫時關閉，等待國際市場回溫。這時我們公司的管理層也面臨同樣的決策難題，但決策者卻做了一個大膽的決定，他的「目標」是趁其他同業都停止生產時搶占市場，採用的「槓桿」是和同業完全相反的作法，產能全開加大生產。他所依據的「數據」是，假如一般產能下做 100 件，平均一件商品生產成本是 10 塊錢，但現在市場上價格只能賣到 8 塊錢，那我們就試著把產能開到 1.5 倍，做 150 件，這樣一件產品的成本可以降到 7.8 塊，我們還有一點點利潤空間，而且因為市場只剩我們在做，真正有需求的客戶也只能跟我們買，有機會增加許多本來我們接觸不到的客戶，增加我們公司的整體市場占有率。

　　回頭來看，這整個決策的過程就是一種「覺得」的演算法，決策者確實掌握了我們工廠的生產數據，他「覺得」只要我們生產成本降低，我們的產品就能薄利多銷搶占市場。當我們產能開到 1.5 倍時，成本也的確降了下來，但決策者沒算到的是，市場價格在我們努力生產時又繼續往下崩跌，當我們做完 150 件時，市場價格只剩 6 塊錢，我們不只賣一件虧得更多，更因為把公司剩下的錢全部投入生產，而失去了週轉資金，最終走向破產清算。我並不是說這個決策一定是錯的，相反如果決策者賭對了，很有可能我們就變成行業內的龍頭，但這個案例真正給我的教訓是，當不確定性過

高，而槓桿成本過大時，就有可能造成毀滅性的災難。當一個決策有機會帶來災難的結果，我們就必須透過比「覺得」更好的演算法來降低不確定性，或透過學習試錯機制減少決策槓桿需要付出的成本，讓我們有機會在被推至絕境前懸崖勒馬。

為自己裝備演算法的外掛

　　好的 #演算法其實就是在「目標」「槓桿」和「數據」三個齒輪之外，再加上更多的外掛。

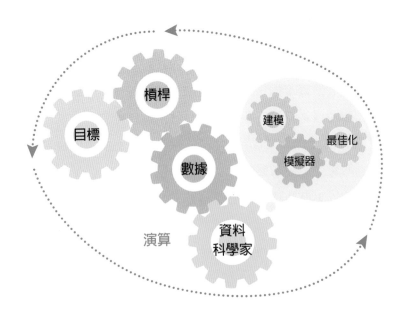

　　例如一個厲害的資料科學家，會在自己的決策系統上另外裝上一個資料分析的處理器，這裡也有三個小齒輪：建模、模擬器和最佳化。首先，資料科學家會先建立預測模型，例如上面案例中，假設在某種市場價格下跌的趨勢下，增加產量降低平均成本可以增加獲利，資料科學家會透過真實的數據來訓練模型，並透過模擬器產生大量的測試數據來去調整模型，並配合最佳化的方法，不斷強化預測的準確性。

　　訓練預測模型的過程非常重要，因為會直接影響模型的預測能力夠不夠好，如果上面的決策多加了這一步，其實就有機會避免後面的徹底失敗，因為從過去一年的數據來看，不難發現市場價格下跌的速度遠比增加生產規模降低平均成本的速度來得快，還時常發生難以預測的大變動（例如某家同業忽然財務困難，大量拋售存貨，又進一步拉低產品價格），這也突顯了「覺得」演算法最大的問題，就在於人都很習慣為自己想要的決定找理由，陷入所謂的「確認偏誤」，也就是當我們看到了某個數據很支持內心的聲音，就會自己放大這個數據所提供的證據力，而忽略了其他更重要的資訊。

　　光提升預測能力還不夠，因為預測畢竟只是預測，大部分預測方式都有 #信賴區間（#confidenceintervals）的前提，也就是在某個信心水準下，我們相信最後預測結

果會落在某一個範圍，但如果想要讓演算法結果 #最佳化（#optimization），你必須清楚最後你所想要的目標到底是什麼，而會影響它的風險變數又有哪些？比如在面臨景氣寒冬時，你要#最佳化的東西，到底是「整體獲利能力」？還是「維持一般營運的時間」？如果選擇後者，那勢必要加強風險評估的比重。另外透過資料分析的運用，我們也更有機會看見不同資料的特性，進行局部的微調，從中找到關鍵發生槓桿作用的部分來放大成效，獲得更好的#最佳化結果，例如若我們發現美國市場競爭比較正常，產品價格沒有降得這麼快，在這裡我們有機會獲利，就先只增加美國訂單的產線產能，避免全面增產賣不掉的風險。好的演算法不只幫助我們降低不確定性的風險，更能透過更系統性的思考架構，協助我們發現自己的思考盲點。

　　《易經》本質上也是一種非常厲害的演算法，六十四個卦其實就是人生可能遇到六十四種不同的情境，這些情境中還可能會有六種不同的發展階段（每個卦中的六個爻）。在我另外一位哲學老師傅佩榮教授的《易經》課中，就有分析《易經》六十四卦中有四個卦是在教你應對人生中的困境（屯卦、習坎卦、蹇卦、困卦），其中的習坎卦，坎爲水，習坎卦由上下兩個水組成，在古代水象徵難以跨越的大河，還有可能泛濫成災。遇到習坎卦，可以說是重重險阻、步步危機，正如當時我們公司遇到的國際局勢，因此在困局中，

《易經》的提醒是追求「無咎」，也就是風險極小化避免犯錯，不能冒進，在這個時候要認知到自己的極限，因為天險是無法跨越的，但既然身處險阻之中，同時可以思考如何建立自己的「天險」來阻擋別人未來的進攻。

如果領導者決策系統中有了《易經》的困局演算法，當他意識到自己正在困局中，自然不會採用太冒險的槓桿，而會把目標放在避免災難發生。但困局並非要你坐以待斃，他所關注的數據會放在還有哪些機會可以建立我們產品獨特優勢的護城河，這樣只要熬過現在的困難，下次就能獲得新的武器。例如當時我們研發部門其實也在討論，可以轉向設計更高單價的太陽能商品，像是手機和背包的隨身高效能太陽能充電板，或是摩天大樓可以使用的太陽能變色玻璃，但這些方向都因為資源全壓在工廠加碼生產而無法順利往下進行，失去了在困境中為自己準備第二甚至第三條路的機會。

理解了毓老師所說的「算」，再回來看「學《易經》，每個字都得算」這句話，我又有了更深刻的啟發，因為不只是《易經》，想學習任何的知識，都應該要透過演算來學習。換句話說，怎麼讓你所學的「數據」，在你的決策系統中，跟你想達成的「目標」和能用的「槓桿」產生關係並影響你的決策，才會是學習的重點，因為一切的學習最後都會體現在你的每個決策結果中，而你的每個決策也定義了你是一個怎樣的人，這就是存在主義所說：存在，就是選擇成為

自己的可能性，唯有當學習可以幫助我們做出更好的選擇，
學習這件事才有可能幫我們成就更好的自己。

　　我想這也是為什麼密涅瓦大學強調課堂上不教知識，而
是將所有的學習都定位在建立學生應對未知的思考習慣，因
為唯有你把所學變成一種實際可用的決策演算法，才能跟你
的人生發生關連。

開啓數據分析與
反事實之眼

—— 黃禮宏

學習數據分析的過程顛覆過去的決策思維

　　我曾經報名過幾個數據分析的線上課程，從低單價的純講授式課程到高單價的即時課程都有，但過去學習的經驗都是還沒跨過寫程式的入門門檻，就被滿滿的自我懷疑打敗而放棄了。在密涅瓦並沒有哪門課專門在教寫程式，而是在許多課程的活動及作業中都會遇到需要寫個幾行程式來解決問題的情境，我也在亦步亦趨之間，不知不覺跨過了過去跨不過的檻。

　　前兩個學期的形式分析課程，學到邏輯的時候，老師用他之前和世界銀行在東南亞調查貧窮問題的專案，設計成簡化版的課堂練習，讓我們練習試著編寫簡單程式來驗證。接下來學到機率、描述統計、演算法時，也幾乎每一堂課都會

設計問題讓我們自己寫程式解決。在碩二的研究方法課程談到量化方法時，課前作業的小習題則像是綜合考驗。在這裡不是學完程式才來解決問題，也不是先完全打好邏輯思維的底子才開始敲下第一行程式，而是以解決問題為核心把這些巧妙融合在一起。

打好邏輯、統計、演算法的基礎，能夠自己寫簡單程式做數據分析後，不只讓自己多學會了一項實用的技能，也顛覆了我過去的決策思維。

首先，過去遇到問題總是先想「我能做什麼？」自己做不來的事情才往外尋求協助或合作，身上扛著很多事看起來好像很行，但產出的質與量卻很難進一步提升。如今，在確定有#問對問題，這些事情值得解決之後，「什麼可以自動化」變成反射性會優先思考的事。花一點時間學習軟體工具，盡可能把能夠自動化的事情統統都交給機器和軟體處理，把寶貴的認知資源放在真正重要的事情上。

繼續延伸思考下去，那些無法透過軟體自動化處理的事，就一定非我處理不可嗎？哪些可以交辦給同事？哪些可以外包給廠商？一層一層過濾掉之後，最後才是我真正應該投入時間的範圍，這樣的轉變讓我花出去的每一分鐘都更有價值。

再者，在分析資料時最忌諱垃圾進、垃圾出，如果資料本身有問題，不管分析做得再怎麼漂亮，結果都不值得

參考。拿到資料時會先從 #證據基礎與 #來源品質的角度來
檢視這份資料值不值得花時間在上面，有沒有不合邏輯的各
種 #謬誤也已經變成一種標準動作。習慣這樣的作法之後，
就像在眼前裝上了一個強力濾鏡，可以快速判斷一份資料值
不值得花時間讀、能不能用，而吸收資訊的品質提升，對於
產出的決策也有正面的影響。

　　在一次一次練習寫程式解決問題的過程中，也再次提
醒自己最好的優化是「做對的事」。同樣是解決一個問題，
菜鳥可能寫個一大串的程式才能解出來，高手可能只需要用
一半或更少的代碼就能做得又快又好。要做到那樣的程度，
並不是打字快一點、代碼背熟一點就能趕上，而是兩者看待
問題的方式根本就不一樣。在我所處的製造業由於有實體產
品，成本就擺在那邊，各家業者很容易把注意力放在「交期
快一點、功能多一點、價格便宜一點」這些把事情做對的層
面；但如果看看業界領先的品牌，會發現他們跟上述寫軟體
的高手做的是相同的事：遙遙領先者永遠是做對的事，把問
題解決得最漂亮的那群人。

你以為的因果關係不是因果關係

　　在做出決策之前，我們需要考慮許多因素的影響，然而
我們所以為的因果關係往往並非如想像中那麼嚴謹，這些有

問題的因果推論也會對決策品質造成直接的影響。

想像一下，你是負責規畫公司教育訓練的主管，剛和顧問公司簽下一紙合約，明年將會投入可觀的預算對公司裡的業務人員做銷售訓練以提升業績。花錢很容易，正確評估成果向老闆回報卻沒那麼簡單；如果要了解業務人員參加這個訓練對業績是否有幫助，你會怎麼做呢？

一、所有業務員都安排課程，「所有業務員明年上課後的年度平均業績」減掉「所有業務員今年的平均業績」。

二、將業務員分成兩群，「有上課的業務員」減掉「沒上課的業務員」明年度平均業績。

三、其他。

要精確的呈現銷售訓練與業績成長之間的因果關係，必須排除混淆變量的影響。在這個例子裡，混淆變量簡單來說就是「可能會對業績成長造成正面或負面影響的其他因素」，當這些因素沒有排除時，我們並沒辦法真實理解銷售訓練對於業績到底能產生多少貢獻（#變量 #variables）。

第一種作法相當常見，就讓大家都去上課，然後比較明年跟今年的銷售數字，有增加就是有效果，但這樣的結果真的可信嗎？如果用所有業務員明年上完課後的業績跟今年度

的業績相比較，會不會明年景氣就是比較好，整個行業都更賺錢？還是過了一年大家的能力跟經驗都更成熟，即使不上課本來就會賣得更好？或是明年度行銷做得出奇的好，來客的質與量都比起去年大增，關鍵功勞應該要歸於根本沒參與這個課程的行銷部門？又或者實際上課的成效是非常好的，可是受到某些因素抵銷（例如業績最好的一群員工今年領完年終就跳槽去其他公司），所以看起來只有普通的效果？

　　這種作法最大的優點是很直觀、很好操作，也因為這樣我們經常使用這種方法來評估因果關係。然而，從上述例子我們可以看出其難以排除各種混淆變量的影響，以這種分析結果來作為決策參考依據，恐怕是大有問題的。

　　第二種作法將業務員分成兩群，比較有上課跟沒有上課的業務員在同一個年度裡的結果。在同一個時間區間裡做比較，景氣和行銷投入等系統因素對這兩群人的影響是一致的，看起來我們多控制住了幾個混淆變量，但還不夠。除了原本的業績數字人人不同之外，每個人的聰明才智、專業知識、人脈連結、賺錢動力、應對進退能力……都有個別差異，如果這兩組人的組成相差太多，那麼呈現出來的結果也會大有偏差。

　　要平衡掉這種個別差異，最基本的作法是「隨機分派」（random assignment），誰會被排去上課完全由電腦亂數決定，跟這個人的特質或表現無關。透過隨機分派所組成的有

上課組跟沒上課組，整體而言在各種特質上都很相似，兩者的差異只有是否參加了銷售訓練，以這種設計方式得到的分析結果可以排除混淆變項的影響。

任何接觸過研究設計概念的人都不難想到上述方法，但問題來了：隨機分布是很理想，但真的符合現實嗎？

我們接觸的是人，更何況業務人員常常是公司裡自主意識最高的一群人，這些人真的會乖乖照著安排的組別去做嗎？如果為了維持隨機分派的理想設計，有些不想上課的人被硬逼參加，有些想上課的人發現自己沒有被公司排進訓練名單，這些衍生的潛在管理成本值得嗎？

再深入一點想，如果訓練的主要目的是提升業績，那麼在可能有幫助的情形下，讓一半的人無法接受訓練，少掉那一塊的潛在業績成長，對公司而言是最好的決定嗎？從業務員的角度來看，業績表現不僅是數字，也是業務員的收入來源和升遷參考依據，為了評估訓練效果而犧牲掉半數業務員能夠增加收入的成長機會，在道德上站得住腳嗎？

為了配合實際情況，我們蒐集到的往往不是在嚴謹實驗設計下得出的實驗數據，而是基於實際情形的觀察數據，而用這樣的數據來做因果關係的推論需要更加謹慎。

因果推論的基本問題

　　要驗證「A 會導致 B」這樣的因果推論，不論是抽菸導致癌症、足量喝水有益健康、讀大學對未來收入有幫助、銷售訓練能使業績成長等主題，在上一段中我們提到比較好的作法是將所有受試者分成兩組，在同一段時間裡進行實驗或觀察，一組有 A，另一組沒有 A，再將這兩組的結果互相比較，如果兩組有顯著差異，這個差異就是因果關係的證據，然而這種作法有一個基本的邏輯盲點。

　　延續前段的例子，如果要知道銷售訓練對業績的真實影響，最精準的方式就是「比較每個人在同一時間受訓及未受訓下的業績表現」。如下表中列出了其中四位業務員受訓前後的年度業績表現，單位為萬元。

業務員名稱	受訓業績 Yt	未受訓業績 Yc	訓練效果 Yt-Yc
Mary	1500	1300	200
Cathy	600	450	150
Sean	750	550	200
Leon	1750	1500	250
平均	1150	950	200

　　數據很清楚的告訴我們每個人受訓後都有明顯的業績成長，太棒了，這個訓練安排得真好——雖然很理想，但這張表格在現實世界裡是不可能出現的：我們無法在同一個時間點上既受訓又沒受訓，一旦接受了訓練，我們就沒辦法知道這個人在沒受訓的情況下明年度的業績表現會如何；同理，對於沒受訓的人，到了明年年底業績結算時，我們也無從得知如果他有受訓的話業績表現會是如何。

　　在現實生活中，每個人只會有「受訓」或「未受訓」兩種情況之一，如果安排 Cathy 跟 Leon 去受訓，另外兩人不受訓，我們能得到的結果會像這樣：

業務員名稱	受訓業績 Yt	未受訓業績 Yc	訓練效果 Yt-Yc
Mary	?	1300	?
Cathy	600	?	?
Sean	?	540	?
Leon	1750	?	?
平均	1175	920	255

　　通常我們會用受訓組業績平均減掉未受訓組的業績平均來當作訓練的成果，在這裡是 255，而不是上一張表中的 200，也就是說訓練有效，但成果被高估了。

　　我們平常不會看到上面那張表，而更像是這個樣子。

組別	受訓業績 Yt	未受訓業績 Yc	訓練效果 Yt-Yc
業績平均	1175	920	255

發現問題在哪了嗎？

看不見的缺失資料高達一半

通常我們講到缺失資料（missing data），指的是有人在問卷中漏填了問題，或是在撈資料時缺了幾個人的數據等，以這個銷售訓練的例子來說，如果我們把200人隨機分成兩組，每組各100人，但因為公司資料庫有問題，只得到198個人的受訓後業績統計，那麼缺失資料就是兩筆。

在課堂上，之前曾於世界銀行任職多年，同時也是因果推論研究的世界級學者與我們分享，即使資料蒐集的過程非常完美，沒有上述傳統定義中漏填或沒撈到的數據，任何研究仍然至少都有高達一半的缺失資料，也就是無法實際觀測到的反事實資料（counterfactual data）。在前述表格中標示為問號的部分，便是這個研究中的反事實資料。

看到Cathy受訓後的業績表現，就看不到她未受訓的表現；Sean 未受訓且業績表現較低，我們看不到如果讓Sean去受訓，同一年度的業績表現可以提升多少。這些反事實就是所謂「看不見的缺失資料」，如果能夠知道這些現實中看

不到的反事實，我們就能夠真正了解訓練效果。

　　前面提到過實驗設計。在樣本數夠大，而且完全隨機分派到兩組的情況下，這兩個組別用群體的角度可以視為是相同的群體，彼此完全等同於對方的反事實，統計出來的效果會幾乎等同於真實效果。

　　但在現實生活情境中，一般我們能得到的是「觀察數據」，而不是實驗數據。以上述例子來說我們頂多拿到有上課的人及沒上課的人在同一個時間區間的業績資料，至於要不要上課是由個人自己做決定。兩組間有大量混淆變量的存在，反事實又無法直接觀察，該怎麼辦呢？

「看」到反事實的方法

　　令人驚喜的是，在統計及計量經濟學領域已經發展出了許多方法可以讓我們即使面對觀察數據，也有許多方法能控制混淆變量的影響，得出嚴謹的因果推論。在碩二上我們學了一系列的方法，例如配對法（Matching Method）、斷點迴歸設計（Regression Discontinuity Design）、合成對照組（Synthetic Control Group）……等目前在計量經濟學領域廣為應用的方法。

　　這些方法牽涉到的概念比較複雜，但要解決的問題都很相似：如果我們只是看到表面上的數據，而沒有處理其中可

能包含的誤差，那麼得到的推論，以及隨之而來的決策就可能會有很大的問題。

看不見的反事實：「如果……會怎樣？」

我們通常容易陷入一種觀點，而且只關心一種想法，那就是「自己的想法」。

如果說複雜系統讓人從單一線性的思考習慣，轉變成網狀的思考，同時考慮在環境中所發生的各種因素可能產生的影響及交互作用；決策思考的訓練，乃至於對反事實的理解與各種方法的學習，讓人開始把無法直接觀察到的事情也納入思考範圍。

2015 年時我曾經很想要在印度直接設點，原因是看了不少公司過去設點後，至今為他們帶來了每年可觀的業務成長。但這就代表是個好決策嗎？而我們也該跟著去設點嗎？

首先是 #偏誤檢驗與 #偏誤減輕。當我對去印度設點感興趣，就會傾向於去尋找支持這個想法的證據，而忽視不利的消息，這是一種確認偏誤；只看到幾個成功例子就認為去設點能提升業績，而沒看到死在沙灘上的一大堆公司前例，也同時受到選擇偏誤的影響。

即使是有成長的甲公司，要看它去設點是不是好決策，還要問「如果甲公司沒去設點會怎樣」？要解答這個問題，

我們需要蒐集對應的數據來分析，例如前述的合成對照組方法，是用同業裡沒有去 B 國設點的多家公司營運數據，來合成出一個「沒去 B 國設點的甲公司」，再把 2015 年至今的營運數據相比較。

　　回到自己公司身上，我們該不該跟著去設點，也有多種畫面要同時考慮：如果我們去了，五年後會怎樣？如果我們沒去，五年後會如何？還有什麼地方可以去，去或不去五年後又各會如何？

　　搜尋資訊勾勒這些畫面的過程中，很自然的就讓人從自我意識的限制中抽離，不再只侷限於自己的想法。意識到反事實的存在，並且有能力去理解並呈現出來，這簡直就像是在大腦裡面開外掛，習得了彷彿遨遊在多個平行宇宙，同時看到各種不同結果的能力。

結合決策樹與效用值，
讓決策過程簡化也更有力量

—— 劉劭穎

決策樹，讓決策變得更簡單

在形式分析（formal analysis）這門課中，我們學到許多用來協助決策的工具，其中 #決策樹（#decisiontrees）就是一個很有趣的工具。有時候我們會糾結在問題是否有一個最好的解法，因為想要直接得到最佳解，於是常常腦袋就會因此當機，這時候 #決策樹就可以幫上忙。#決策樹的目的，就是將一個複雜的決策分解成一系列更小、更簡單的決策。

舉例來說，你到羅馬出差，不過因為時間有限，只有一天的時間，沒辦法參觀到所有的景點。你喜歡古蹟，也喜歡博物館，不管是古蹟之旅或是藝術之旅，你都會很開心。但因為是旅遊旺季，不一定能夠成功預約參觀。於是你創建了一個 #決策樹，有四種可能的結果：有成功預約到羅馬競技

場、沒有預約到只能在周圍逛逛拍照的競技場；有成功預約
到梵蒂岡博物館、沒有預約到只能在周圍逛逛拍照的梵蒂岡
博物館。這時候我們可以給不同選項一個主觀開心程度的分
數，然後再結合這四種結果發生的機率。這樣我們就可以估
算出四個選擇的效用值。

　　如果根據旅遊網站的歷史資料，梵蒂岡博物館成功預約
到的機率是40％，失敗的機率是60％；羅馬競技場成功預
約到的機率是50％，失敗的機率也是50％。相較之下，參
觀博物館的開心值是100，如果只能在外面拍拍照，開心值
就只有20；參觀競技場的開心值爲70，但周圍比較多古蹟
可以拍照，所以開心值是40。根據以上的數值，我們就可
以建立一個決策樹，來幫助我們做決定。將開心值乘以發生
機率，就可以得到不同情況下的效用值（Utility）。

　　因爲我們沒有辦法同時選擇兩個行動，所以這時候我
們可以有幾種方式來做出決定。舉例來說，第一個方式是
選擇效用值最高的選項（Maximax）。以這個例子來說，就
是選擇去參觀有成功預約到的梵蒂岡博物館。另一種方式也
可以選擇最大的最小值（Maximin）。第一步先把每個選擇
中，最小的效用值找出來。如果我們選擇博物館，則最小
的效用值是12；如果選擇競技場，則最小的效用值是20。
第二步，我們再將第一步找到的兩個最小值相比，就會發
現20比12還高，這時候最大的最小值就會是20。所以我

們如果為了保險起見，就會選擇競技場，因為可以保證獲得 20 以上的效用值。反過來說，如果選擇博物館，雖然有機會獲得最高的效用值，但也有可能獲得四種可能中最低的效用值，也就是 12。至於要選擇哪一種方法這些選擇方法沒有對錯，而是取決於每個人不同的個性跟考量。

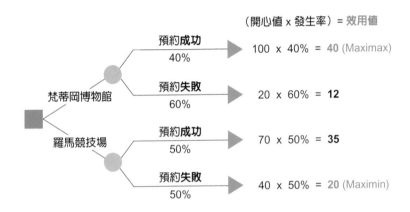

在醫學上也有決策樹應用的地方。對於病人發生突發緊急狀況且危及生命時，儘快反應並採取急救是很重要的技能。這種突發狀況的決策有幾個挑戰，最大的挑戰就是時間，再來是發生的原因可能很多，我們沒有時間可以慢慢分析，必須要儘速決定並採取行動。另外也可以用在災難的評估，除了評估災難發生的機率，同時也要乘上發生這個災難帶來的後果。舉例來說，發生核災的機率比發生颱風的機率低，但是發生核災的後果可能遠比發生颱風的後果嚴重。當

遇到沒有預警的緊急事件，無疑是充滿挑戰的困難決策，所以適時地使用決策樹，可以避免變成決策癱瘓的狀態。

教育上的決策思維

　　如果你是一位老師，你會在教學時給學員或組別加分嗎？如果會加分，那也會使用扣分嗎？讓我們先把這個問題放一邊。在密涅瓦上課的過程並不強調同儕競爭或加分競賽，取而代之的是透過報告作業來評估每個思考習慣的應用分數，3 分是標準，1 分是絕大部分不正確地使用，5 分則是不只正確使用，還富有創造性。教授評分的部分除了報告之外，還有上課時針對課前或課後問題的回答，及某個上課片段中的發言，成績也都是只有自己才知道，並不會公開。另外密涅瓦的線上系統對於教授們也很方便，因為系統會自動計算每個學生的發言時間，然後會提醒老師可以點比較少發言的同學。

　　加分，是個簡易方便的課程工具。不管是過去的求學經驗，或是在外面參加研習，加分或是組間競爭的方式都並不陌生，相較於密涅瓦的體驗，可說是截然不同。這讓我不禁在想，所以是加分好還是不加分好呢？讓我們先從遊戲化與峰終理論來切入。在課堂上加分，沒有疑問是一個簡單好上手，而且通常效果都還不錯的方式。不過如果應用到這個方

式，通常結尾都會導到哪一組是第一名，然後頒獎。如果從「遊戲化」跟「峰終理論」的角度，也許我們可以來思考還有沒有更好的方式？

　　首先，自己身為學員，體驗過滿多課程。有時候小組會得第一，當然那個感受很好。不過更多時候不是第一，這時候如果課程結尾是結束在頒獎的話，其實感受反而被打折。根據「峰終理論」，學員離開只會殘留部分的感覺，來當作總體評價，像是過程中有沒有最高峰的體驗，例如動作電影中一定有一段是特別精彩的大場面，或是遊樂園中搭雲霄飛車，一定有一段是特別陡峭，刺激滿點的地方。

　　再來就是終值，也就是結束時的體驗感受。像是 IKEA 最後要離開前的 10 元霜淇淋，或是套餐最後的甜點。如果我們課程的終值是停留在頒獎給第一名，那其實對第一名之外組別的終值都不會太好。因為這邊有個迷思，過程中我們希望學員們在意分數，用心投入。但結尾時，又希望學員不要太在意沒有得到第一名，其實是矛盾的。再來，第一名只有一組，但其他剩下幾組才是多數。

　　所以如果從「遊戲化」角度來看，用加分方式，有應用到成就感跟社交影響力。成就感比較顯而易見，至於社交影響力，則是利用小組同儕影響，帶動其他還沒這麼投入的學員。不過加分還是比較偏向外在獎勵，根據遊戲化理論，開頭用外在獎勵有機會快速吸引學員。但結束時，最好還是以

內在獎勵為結尾。不然得到獎品可能只是一個終點，再來因為沒有得到外在獎勵的其他組別，反而過程中的內在獎勵也被削弱了。所以加分的確是一個簡單好用的方式。不過終值不建議停留在頒獎給第一名。畢竟我們的目的並不是真的要分出高下，而只是利用加分來提升課程參與。

　　所以我們有可能做什麼調整？首先先來確定目標。如果目標是將課程結尾提升內在獎勵，那針對要使用加分，可能有以下幾個建議。

　　第一是提早淡化，如果課程動力已經帶起，那麼就可以慢慢將加分這件事情淡化。把獎勵比重放多一點到內在獎勵上，多利用一點成就感或是創作力的元素，像是自由創作或討論激發。也可以透過讓學員發表，得到其他學員的稱讚回饋等。

　　第二是頒獎不要當作課程的結尾。既然有加分有比賽，一定還是有學員會在意。我們不能期待學員又在意分數，然後又不在意結果。所以頒獎如果還是需要，那麼至少不要把頒獎活動當作結尾活動。讓學員多分享或創作今天的收穫，增加彼此交流。讓他們覺得有學到東西，而不會把終值停留在沒有得到第一名的感受上。最後是提升峰值的體驗。除了慢慢淡化加分這件事，也可以透過遊戲化其他的元素來提升峰值。其實還是不外乎遊戲化中的幾項元素：自由度、社交影響和所有權。讓學員多一些創意發想機會，有自由度地解

決一個問題，或是讓學員創作一個屬於自己的一樣成品，或是增加學員間的深度交流，都是可能提升整體體驗的方式。

加分扣分、邊際效應與效用

決策理論的核心是 #效用，這是一個抽象的概念，代表個人從結果中獲得的滿足程度。如果我們假設決策是實現偏好目的的行動，那麼我們就可以用效用的概念來理解我們做的決定。這些決定有時候並不需要實際計算，而是一種內建的感受。譬如跟獲得相比，人們更傾向避免損失。舉例來說失去 1000 元的痛苦，會比得到 1000 元的快樂還要強烈。很有趣的是人們會將這種效用值內化，也就是人們心中默默有一把尺在計算得失，然後決定如何反應。

這跟加分扣分有什麼關係呢？如果我們實際用數字來估算，假設失去的痛苦是得到的 2 倍，那麼答對 100 分的快樂，只要扣 50 分就能抵銷。也就是說，如果使用加分跟扣分當作提升課程參與的工具，那麼扣分的帶來的負面感受，是比加分還更強烈。除了避免損失會造成效用值的改變，邊際效應也會影響使用加分跟扣分的效益。以結論來說，根據邊際效應，加分或減分到後期帶來的效果會下降。

舉例來說，當還是小朋友沒什麼錢時，拿到 100 元的壓歲錢就很開心。但是隨著長大存款漸漸變多，這時候拿到

100 元的喜悅感，就比不上小時候。或是當你很餓的時候，一塊雞排或鹹酥雞簡直就是人間美味。但是當肚子開始慢慢飽了起來，第二塊雞排或鹹酥雞，帶來的滿足就會減少。同樣的 100 元，或是雞排，帶來的效果會隨之遞減。一樣的道理，如果要在課堂上使用加分，則加分的分數要越來越高，才能克服邊際效應。例如第一堂課加 100，第二堂課開始加 300，第三節課最高加 500，以此類推。所以如果我們使用加分當作運課工具，那麼到後來學員有可能麻痺，除非加的分數越來越高。

　　總結來說，加分跟扣分是一種課堂上可以使用的工具，如果大量使用，可能會讓學生的行為都是透過外在的分數獎勵來驅動，久而久之會失去內在的動力。另外，也有可能讓學生誤把自己的價值跟分數掛鉤，也就是分數不好等於我不好，分數好等於我很好。長久下來，不僅容易根據外在分數而強烈影響自我價值，也有可能因為對於分數患得患失反而裹足不前。

　　所以再回到一開始的問題，如果我們是學校的創辦人，我們是否要使用傳統的加分扣分與競爭？或是採用密涅瓦的方式，不強調同儕競爭與公開分數？我想這個問題沒有標準答案，根據不同情境對象有不同的作法。但是我們未來可以嘗試透過 #決策樹與 #效用來分析，並做出決策。舉例來說，當外在獎勵已經引起學習參與，接下來我們就降低外

在獎勵的刺激。如果加分還沒達到預期的效果，那麼根據邊際效應與效用值，我們就可以繼續提高加分的分數。如此一來，我們就可以將複雜的決策簡化成多個小決策，並同時保持著效用期望值的概念，來強化 #決策樹這項工具。

本章重點回顧

思考習慣架構

決策思維需要分析複雜的問題並做出對應的決策，是整個密涅瓦大學思考習慣訓練的主軸，決策的層面可以是涵蓋團隊、組織、行業，或整個社會，需要將所有思考習慣綜合運用，包含了批判思考、創意思考、有效溝通、有效互動 4 大類，共 78 個思考習慣。

如果進一步串起所有思考習慣，可以看到兩種決策的思維流程，第一種是從找問題到想解方，第二種是從輸入到輸出。面對任何複雜問題，都需要先經過批判思考，進一步評估和分析論點和證據是否充分，拆解問題中不同的變量，進行與目標的差距分析。找到癥結的問題點，才開始想對症下藥的解方，透過創意思考的設計流程，打造達成目標的決策槓桿。當剛剛的流程實際落地到現實生活中，就是一個從輸入到輸出的過程，有效溝通和有效互動成為實際執行問題解決方案的關鍵，如何找到對的媒介，及受眾可以接受的互動方式，甚至試著理解溝通過程中非語言的弦外之音。最後引入複雜系統思考，以多層次分析，拆解人不同面向的心理活動，看見系統中的網絡關係和權力流動，以此制定出自己的介入點，借助系統的力量，讓決策效果事半功倍。決策思維，體現了思考習慣訓練法終極的組合拳，揭示了思考習慣並非公式，複雜問題也沒有標準答案，應對未知的核心在於學習移轉、隨時組合、適應環境的能力。

本章內容摘要

本章首先提出決策系統的運作方法，也就是目標、槓桿和數據的連動關係，來探討如何建立並優化個人應對未知的演算法。進而引入反事實的概念，提醒自己眼前所見並非一切真相，並透過工具來呈現反事實的一面，以做更全面的評估。最後談到如決策樹和效用值

等思考習慣如何讓決策過程更加簡化且具有力量。

作者們在本章中提出了多元案例和情境來應用課堂所學的決策思維，從景氣不佳時的擴產決定、學習《易經》過程的相互印證、教育訓練對業務員業績的影響、公司海外設點的效益評估、難以抉擇的旅遊景點安排、急救時的鑑別診斷、到教育現場的評分方式等。密涅瓦大學的所有訓練都跟培養決策能力有關，而唯有把所學變成一種實際可用的決策演算法，才能跟自己的人生發生關連。

延伸思考案例

請回想人生至今影響自己最大的決策。當時除了「我覺得」之外，你還參考了哪些數據？你是如何使用這些數據來發展你達成目標的槓桿？在你的決策系統中，你儲備了多少種問題解決的演算法？如果再來一次，你會蒐集什麼新數據？你會採用怎樣的演算法來設計決策槓桿？你覺得這樣是否會有不一樣的結果？未來你又能夠在哪些場景應用這個演算法？

提示：可使用的思考習慣如＃演算法、＃最佳化、＃自我覺察、＃證據基礎、＃來源品質、＃問對問題、＃限制條件、＃建立假說、＃變量、＃比較組、＃效用、＃偏誤檢驗、＃偏誤減輕、＃決策樹、＃網絡分析、＃湧現，詳細思考習慣操作型定義請見附錄〈密涅瓦大學思考習慣清單〉。

附錄

密涅瓦大學
思考習慣清單

批判思考
Thinking Critically

分析問題 Analyzing Problems

#問對問題 #rightproblem
解決問題的第一步是準確描述問題是什麼，這有助於確保提出的解決方案能夠解決真正需要著力的問題。描述一個問題需要明確界定初始狀態和目標狀態、在初始狀態和目標之間所存在的障礙，以及問題的規模，不同規模的問題需要適用對應的解決方案。

#拆解問題 #breakitdown
許多問題混在一起時很棘手，但如果將其分解成若干部分，就會變得更容易解決。然而，並不是所有分解問題的方法都同樣有用，或可以發展出有效的策略去解決這些子問題，並將解決方案組合成一個連貫的整體。

#差距分析 #gapanalysis
只有當現況下不存在適當的解決方案時，才需要發想新的解決方案。因此，任何意圖使用新產品、新流程來做差距填補的前提，都得先確定是否存在需要填補的差距。因此需要評估現有的解決方案是否足夠或得以修改，還是需要一個新的解決方案。

#變量 #variables
在分析一個問題、模型或系統時，關鍵的第一步是評估其中可以改變的特徵（變量）。要做到這一點，我們必須識別和分類這些變量，檢查它們之間的關係，並考慮如何測量和操作。在研究或實驗中，這通常涉及到確定哪些特徵是「自變量」（預測因子或原因）以及「依變量」（自變量變化

後產生的效果）。還必須仔細評估及控制「外擾變量」（會影響依變量的其他變量）。此外，對變量的類型進行分類（例如，質化或量化）是至關重要的，因為它將影響相應的統計分析方式。想要將問題以數學形式化的方式呈現，還需要考慮恆定的「參數」，「參數」有助於定義問題的性質，可以視為發展解決方案時的限制條件。

#賽局理論 #gametheory

賽局理論以合作、競爭和協調的數學模型，提供了一個框架來研究多個智能代理人間互動的決策行為。從形式上看，一個賽局涉及代理人（玩家）、每個玩家可以採取的行動（策略），以及每個玩家對遊戲的各種結果的「回報」，一個特定玩家的回報不僅取決於他們自己的策略選擇，還取決於其他玩家的行動。評估賽局的一個重要部分是找到導向均衡的策略組合，在均衡的情況下，沒有任何玩家能夠透過單方面改變策略而獲益。當我們假設玩家的理性決策方式和可獲得的資訊，這些導向均衡的策略組合可以用來預測賽局的結果，從而應用在廣泛的場景中，例如戰爭、交通、生態學和行銷。

分析決策 Analyzing Decisions

#心理成因 #psychologicalexplanation

人類社會是一個複雜系統，身處於其中的每個人本身也是。因此，在與複雜社會系統互動時，我們需要了解人類心理不同層次的解釋，這些解釋如何產生交互作用，如何促成湧現。人類心理學包含了理性思維、潛意識的偏見、情感、生物驅動力、個人認同、內化的社會規範等各種方面。這個思考習慣的核心是將複雜系統思維應用於一個或多個心理學範疇，以解釋個人或群體行為。

#目的 #purpose

當項目或計畫缺乏明確、有原則的目的時，往往會失敗。確立個人或團體

（不限於正式組織）的目的，對於評估他們或自己的行動至關重要。在建構個人或團體的目的時，需要闡明哪些是引導或約束我們的基本價值觀，以及與價值觀和目標一致的操作程序或指導原則。

#效用 #utility
效用是決策理論的核心，代表了個人從結果中獲得的滿足感。假設決策是一種以實現既有偏好為目標的行為，我們可以使用效用的概念在數學形式上表達這些偏好的內容，並描述它們與結果的關連。具體來說，效用函數是一個描述個人偏好的數學模型，透過為每個可能的結果附加一個值，以呈現結果（例如時間、金錢）的價值與特定個人滿意度的關連。最常見的應用取決於一個假設，即人是理性的，這意味著他們的效用函數堅持某些屬性（例如，一致性、傳遞性）。在決策的脈絡中，通常將人視為效用最大化者，當有足夠的資訊可以量化結果和相應的機率時，決策者會選擇具有最大「期望效用」的選項，也就是將機率與平均效用做加權計算。我們也可以將個人特質，如風險偏好和認知偏見，用不同效用函數的圖形來表示，並透過調整個人對機率的認知，進一步影響他的預期效用。常見的個人傾向包括：尋求風險和規避風險的態度、對機率的扭曲、不成比例地重視損失和收益，以及在不同時期對效用的估值不一致。評估效用、效用函數和預期效用可以協助人們從實證和規範的角度分析決策。

#偏誤檢驗 #biasidentification
我們對世界的理解取決於我們注意到的、關注的和記住的東西。認知偏誤和情緒狀態會影響我們注意到（或沒有注意到）的東西，從而以各種方式影響我們的記憶和決策。例如，人們傾向於過濾掉那些與他們觀念不一致的潛在有用訊息。特別是我們傾向於尋找證實或符合原本信念的訊息，無視與之相反的訊息，並將模稜兩可的訊息解釋為支持。例如捷思法雖然提供了更快速簡易的問題解決規則，卻容易導致判斷或推理的偏誤，必須謹慎使用。

#偏誤減輕 #biasmitigation

偏誤會使我們在做決定和下結論時忽略重要信息。想要盡量減輕偏誤的影響，首先是要意識到它們，然後思考該如何減少或消除它們在特定情況下的影響。學習識別常見的偏誤類型，確實對避免這些偏誤有所幫助，但有些偏誤可能需要透過特定的流程來加以緩解，這時就可以使用基於防止偏誤而設計的捷思法。

#決策樹 #decisiontrees

決策樹是一種可以加強決策效能的輔助工具。在決策樹中，一個大型的、複雜的決策被一系列較小的（有時是二元的）決策所取代，這些決策按順序進行。一旦做出每個決定，這個特定的結果就會導致另一個特定的延伸決定（如果做出另一個決定，情況就會不同）。發展和分析決策樹可以幫助人們在不同判斷基準下做出最佳的一系列選擇，例如基於期望值、大中取大（maximax）、最大化極小值（maximin）等。

分析資料 Analyzing Data

#描述統計 #descriptivestats

描述統計描述了一組數據的屬性。兩個重要的類別包括位置的測量（如平均數、中位數、眾數）和分散情形的測量（如標準差和範圍）。這類統計數據不是單獨考慮每個數據點，而是對整個數據集的關鍵屬性進行概述。如果數據的分布呈現偏態，或是有很大的極端值，那麼平均數、中位數和眾數就會有很大的不同。為特定目的使用相關的描述統計，適當地解釋它們，並認識其用途和侷限性是很重要的。

#機率 #probability

機率界定了一個特定事件發生的可能性有多大。對機率的不同解讀，為理解關於各種事件機率的主張提供了不同的框架。此外，條件機率是指在另一事件發生的情況下，某一事件發生的機率。條件機率的一個重要類型是

基於先前機率（在有新數據之前對假設的基準線或可信度）的後驗機率
（在新數據的條件下，對數據的相信程度）。後驗機率隨著新數據的獲得
而更新。選擇適當的方法來計算一個事件的機率，並正確解釋之。

#分布 #distributions
變量的分布是一個函數，它將變量的所有可能值與它們出現的頻率進行映
射。分布有幾種類型，但統計學中最常用的是我們熟悉的鐘形曲線，稱為
「常態」或「高斯」分布。當分布被用來描述數據時，需要區分母群數據
（所有可能的值或感興趣的元素）和樣本數據（母群的一個子集合）。從
樣本數據中得出關於母群的統計推論往往需要一個 「抽樣分布」，這是
一個特定統計值（例如平均數、比例）在所有可能的特定規模的隨機樣本
上的理論分布，這些樣本可以從給定的母群中抽取。當滿足某些標準時，
抽樣分布的形狀會符合中央極限定理。然而，做統計分析時往往需要對潛
在的分布進行假設，說明這些假設並分析其侷限性。考慮分布可以幫助人
們認識到例如均值迴歸的現象。

#信賴區間 #confidenceintervals
信賴區間界定了未知母群的可能上限和下限，通常指的是母群的真實平
均值。上下限之間的差異指定了參數估計的確定性水平，較大的範圍意
味著對平均值的實際位置不太確定。區間的大小則取決於希望估計的精
確程度。

#相關性 #correlation
相關性最常見的是透過皮爾森相關係數（r）進行量化，表明兩個變量值
的相互依賴程度。在某些情況下，這種觀察可以用來估計兩個事件或特徵
一起發生的可能性有多大，但在應用和解釋上必須小心。相關性並不表明
一個事件導致另一個事件。兩者都可能是由第三個事件引起的，也可能只
是巧合。

#迴歸 #regression
迴歸是一種統計方法，將一個或多個自變量（或稱預測變量）用於估計依
變量（或稱響應變量）的平均數值。迴歸函數代表了變量之間的關係模
型。關係的強度由係數來量化，由係數可看出此迴歸函數能對多少依變量
的變化做出解釋。多重迴歸能夠以一個以上預測變量的值為條件對響應變
量進行預測，並在保持所有其他預測變量不變的情況下，對單個預測變量
和結果之間的關係進行推斷。迴歸分析最常用來進行預測和對訊息進行分
類，若想使用迴歸來推斷因果關係，則必須更為謹慎。

#統計顯著性 #significance
用樣本中得出的測量結果對更廣泛的母群進行推斷，通常是為了評估母群
中的模式是否「顯著」。統計學上的顯著性測試協助我們分辨樣本中的差
異到底是隨機產生的，還是能夠作為母群中真正差異的有力證據。在規
畫、執行和解釋顯著性測試的結果時需要考慮可能出現的統計錯誤。然
而，在統計上達到顯著並不代表這個差異具有實際意義。實際意義是透過
量測效應大小來評估的。注意區分這兩個非常不同的概念，使用適當的計
算和解釋。

評估理由 Evaluating Justifications

#證據基礎 #evidencebased
旨在說明特定觀點的書面或口頭交流應明確提出相關的、有說服力的證
據。要做好這件事包含兩個步驟。首先，必須確認相關的證據。論點的
提出必須與所有相關的證據和主張相一致，必須解決明顯的矛盾。第二，
必須有效地選擇和安排證據。這意味著要預測讀者對證據的需求，確定需
要多少證據，並決定如何最好地呈現證據（例如數字、直接引用，或換句
話說）。在所有情況下，無論是書面的還是口頭的，證據應該支持論點，
並表明這段論點與公認的事實和原則是一致的。

#來源品質 #sourcequality

來源品質可以按照其相關性、時效性、準確性、權威性和目的進行分類和排序。要能夠檢查訊息是如何被審查和核實的，以及是否有辦法糾正錯誤。根據這些標準，能夠依照自己的目的將不同類型的資訊分配到對應的來源品質層級中。

#演繹 #deduction

演繹法指的是在一個或多個做為前提的命題基礎上，推理出一個合乎邏輯的結論。不論是建構論證或是進行數學推導，此類型的推理在邏輯思考中都扮演重要的角色。其中一部分涉及分析各命題之間的關係，例如透過識別邏輯上的一致、不一致、恆真及邏輯對等。演繹論證的優劣取決於其有效性，這是一種完全基於論證結構與健全性（soundness）的概念，且涉及到前提是否為真。

#歸納 #induction

歸納法指的是使用證據來支持結論，從一組實例推理到與它們有關的更大群體。由於歸納論證的結論超越了前提的內容，故無法保證前提為真。因此，在做歸納推理時必須評估論證的強度，這取決於在前提為真的情況下，結論的可能性有多大。有說服力的論證不僅夠強，而且前提都為真。

#謬誤 #fallacies

人類不是完美的邏輯機器。反之，我們很容易犯邏輯上的錯誤，而且往往是系統性地犯錯。有許多常見的缺陷推理模式，通常被分為兩大類：形式謬誤和非形式謬誤。形式謬誤指的是論證結構上的錯誤，而非形式謬誤指的是論證中有問題的命題內容。我們必須學會識別和糾正在歸納和演繹推理中最為常見的各種邏輯謬誤。

評估主張 Evaluating Claims

#詮釋視角 #interpretivelens

要做個思想開明的人需要接受新的想法，即使它們可能與你的信仰、世界觀或假設相衝突。了解過去經驗和自身期待的影響，並嘗試從不同的角度看待相同的一件事。我們應該考慮相關的證據和論點，並接受新的想法和替代方案。訊息中的資料未必會符合我們的期待，我們必須仔細考慮實際傳達的內容，而不僅是我們想看的。

#脈絡 #context

在對任何有表現力的作品進行推論和分析時（例如文章、雕塑、交響樂、歌曲、演講或科學研究），了解其脈絡是很重要的。該作品是針對誰的？什麼歷史事件影響了它？它是如何回應同類型的其他作品？它對其學科做出了什麼貢獻？它又是如何被其文化所塑造？這些問題都是在對一部作品進行解釋時必須回答的。

#批判 #critique

理解文本或溝通內容時需要對其主張、假設、模糊性和語言進行深入研究。批判是分析一件作品的特徵，如其邏輯、證據、結構或內容。透過密切關注這些特徵，以發現作品的優勢和劣勢，以及任何可能的歧義、隱含的訊息或偏見。

#合理性 #plausibility

具有科學思維的人，有辨別一個假說的結構是否良好的能力。好的假說建立在經得起挑戰，並且具有內部一致性的前提或假設之上，並與公認的科學研究結果相符。如果缺乏上述的堅實基礎，便是不合理的假說。

#可驗證性 #testability

具有科學思維的人，有辨別一個假說是否可供測試的能力。我們需要學會

分辨哪些假設無法測試，因而無法驗證。我們還要能夠用假說來做預測，並以預測的結果得出支持或是反駁假說的結論。

#估計 #estimation

估計和近似技術在許多學科中都廣泛適用。常見的快速估計技術包括使用10 的冪、四捨五入、和建立極限，也就是合理預期範圍的最小和最大值。運用估計的思考習慣，在處理不完整或不精確的訊息時特別有用。例如，在評估量化主張時，可用估計來檢查其合理性，並在開始進行科學研究前確定該實驗或模擬的可行性。

創意思考
Thinking Creatively

問題解決 Solving problems

#科學學習法 #scienceoflearning

所有人都是終身學習者。我們不只在課堂上學習，而是必須不斷地學習新的素材，以適應不斷變化的環境，擴大我們的視野。一些學習技巧已被證明廣泛有效（例如，自我測驗），而另一些技巧（例如，在書本或文章中劃線）則被證明只對部分學習有效。科學學習法對於學習和教學皆適用，可以讓你知道何時使用某些特定的技巧，以及為什麼這些技巧有效。

#類比 #analogies

我們經常透過類比來推理，這需要以特定的方式來比較兩件事物的相似性（例如，心臟與水泵或原子與太陽系的對比）。雖然這種推理有其侷限性，但類比在推理和問題解決時還是很有價值的。例如，一旦問題被

解決，解決方案的關鍵因素可以被抽象化，並透過逆向工程等策略應用於解決其他類似的問題。在類比的過程需要學會忽略那些只與特定問題有關的特異特徵。

#限制條件 #constraints

如果為了達成目標，存在一個或多個障礙必須解決時，問題就出現了。這些障礙往往不容易被克服，這在很大程度上是因為對不同的行動方案存在著現實上的限制。限制條件是對解決方案的前提要求；它們並不決定解決方案，但確實對可能的方向設置了界限。因此，問題解決中一個很重要的部分，是明確找到你的限制條件。如果限制條件定義清楚，問題往往可以透過設計出同時滿足所有限制條件的方法來解決，這種解決問題的方法稱為限制滿足。

#捷思法 #heuristics

捷思法是使用有限資訊的決策過程和策略。它們是簡單、高效的規則，可以使問題的解決和決策更快、更容易。它們包括有意識和無意識的策略，幫助我們在不確定的情況下採取行動，產生創造性的解決方案，並迅速進行分類或估算。捷思法並不保證是正確或有用的解決方案，但在時間和資訊有限的情況下，往往可以成為高效和有效的工具。捷思法雖然有效，但通常也會導致系統性的不準確，即所謂的偏誤。理解捷思法的使用時機，以及知道如何避免偏誤至關重要。

#演算法 #algorithms

一個演算法定義了一系列的步驟，引導給定的輸入產生預期的輸出。一個適當的演算法的步驟是有序的、清晰的、不含糊的和有效的（可操作的）。此外，該演算法應該足夠強大，能夠處理一系列的輸入，而不是一小部分特定的情況。它還應該盡可能簡單和高效，避免冗餘。最後，一個適當的演算法應該在有限的步驟中終止。這些特性可以透過系統地納入有條件的步驟（必須做出某些決策）和迭代（重複步驟）來實現，通常需要仔細的

測試和故障排除（試錯）。熟悉各種演算法策略可以擴大解決問題的範疇，如暴力（brute-force）演算法、貪婪（greedy）演算法和分治（divide-and-conquer）演算法等方法。這些演算法策略可用於有效解決許多現實世界的問題，從社交媒體上的網絡連結、控制自動駕駛汽車，再到 DNA 測序。當演算法可以被電腦解釋和運行時，它們是最強大的。因此，編寫和解釋電腦代碼有助於提升個人的演算法思維和解決問題的能力。

#最佳化 #optimization
許多問題的解決都依賴於最佳化的概念。從形式上看，最佳化是一種在滿足限制條件下，去找到局部或全局極值解方的過程。要明確定義一個最佳化問題，必須確定要最小化或最大化的數量，以及在尋找最優值時可以改變的變量。定義問題後，必須選擇一個適當的最佳化過程或技術來描述如何實現最佳解決方案。許多常見的最佳化技術可以透過演算法來實現，重要的是如何定義出一個可執行且合理的解決流程。

#設計思考 #designthinking
偉大的作品很少會在初稿中就完全成型。因此，我們往往需要在每個週期都使用設計原則進行迭代，以產生一個好的產品或對問題的最佳解決方案。迭代的設計過程能夠讓我們付出的努力獲得更大範圍的影響力。

發掘與探索 Facilitating Discovery

#建立假說 #hypothesisdevelopment
科學研究從觀察開始，然後必須對其進行組織，以表明潛在的規律性模式，這個過程反過來也對於產生數據中種種模式的因素提出了假設。隨著科學的發展，科學家們制定並使用理論來發展進一步的假說並設計更多的研究，一個完善的假說要求人們理解數據、理論和模型之間的聯繫。假說驅動的研究，對於構成科學方法核心的數據蒐集和理論化循環至關重要。

#資料視覺化 #dataviz

通常情況下，人們可以透過資料視覺化的技術從多個不同的角度來了解數據，這是因為人類的大腦並沒有進化到能夠快速掃描和分析一行行數據的程度。透過直方圖、累積直方圖、差值直方圖、柱狀圖、線圖、散佈圖等各類型的圖形，可以為如何定義和回答問題提供洞見。不同的資料視覺化技術有不同的優勢和劣勢，必須考慮資料屬性和問題類型以決定如何最好地使用這些工具。

#建模 #modeling

科學中使用了許多種類的模型（從概念到物理到數學到模擬）。理論影響了模型的構建和設定，通常模型會被視覺化用來解釋數據或測試理論，人們可以改變模型的輸入和運行的限制條件，觀察現象的變化，從而得出新的預測。當模型的應用不容易直接分析時，可以使用模擬。模型和模擬需要簡化假設，以便對所考慮的系統進行可行的分析，同時保持對其基本行為的描述能力。

應用研究方法 Applying Research Methods

#抽樣 #sampling

許多研究需要透過評估樣本的特徵，以估計相應群體（例如，人們可能會測量一群七年級的男孩，以估計這些男孩一般有多高）。然而，抽取的樣本本身可能不具備目標群體特徵的代表性，必須使用適當的方法評估該樣本的普遍性，再對目標群體進行抽樣。

#觀察性研究 #observationalstudy

科學通常從觀察開始。只有在描述現象之後，人們才能尋找產生這些現象的模式和原則。觀察性研究的性質在各學科中有所不同，但在所有情況下，研究者都是在不操縱變量的情況下測量變量。最重要的是，觀察性研究的設計需要確保可以進行精細、系統性且沒有偏誤的測量，不同的觀察

性研究設計各有優缺點，但都能有效地檢驗假設。

#介入性研究 #interventionalstudy

一個真正的實驗有一個或多個可供控制和選擇的自變量，還有一個或多個依變量可以用來測量自變量變化的影響。實驗依賴於將樣本分配到特定的實驗處理條件下進行介入行為，並試圖盡量減少（或最好消除）其他外擾變量的影響。為了確定實驗是由特定處理導致結果，實驗者必須控制外擾變量和其他可能影響結果的因素。與觀察性研究相比，實驗總是涉及介入行為。

#個案研究 #casestudy

個案研究側重於從人群中抽取一個單一的例子。這種研究可以依靠任何經驗性的方法，從觀察到實驗。例如，我們可以透過研究一顆行星（如地球）來了解一般行星的特性，透過研究一隻鸚鵡來了解鳥類語言的侷限性，或者透過研究一個社區來探討實施一項新的政策如何影響遊民的發生率。案例研究是完善假設和獲得更深入見解的有用方法，但必須特別注意該如何將個案研究的成果進行對於整個群體的有效推論。

#訪談式研究 #interviewstudy

特別是在社會科學和公共衛生領域，許多初級研究涉及採訪或調查人類參與者。對這種方法的大量研究產生了一套最佳實踐。例如，訪談可以是結構化的（對所有參與者提出相同的問題），而不是自由討論。調查應避免引導性問題。基於網路的訪談和調查帶來了特殊的挑戰，例如對參與者特徵的驗證。

#研究可複製性 #studyreplication

科學研究必須能被重複驗證才會獲得認可。為了確定結論的廣泛適用性，我們可以在不同的環境中複製實驗（例如，不同的實驗對象、不同的規模、不同的研究人員）。當一項實證研究的結果不能被複製時，這可能

表明得出的結論是不正確的，測試的方法是不充分的，或者試圖複製的方法不夠精確（例如，雖然概念上可複製，但在技術上無法做）。

#比較組 #comparisongroups

在實證研究中，比較組被用來測試對立假說或控制外擾變量。這些小組為實驗結果提供了一個比較案例，使研究者更有信心，感興趣的自變量對因變量有可測量的影響（或沒有）。在大多數情況下，一個或多個比較組會被拿來作為控制組（control group）。控制組不受自變量或相關實驗干預的影響，而是用作基線比較，並確定外擾變量的影響（例如，藥物試驗中的安慰劑效應）。如果沒有一個適當的控制組，結果可能會產生誤導或不完整。許多研究除了控制組外，還會對照使用其他比較組，尤其在當實驗不可能有一個真正的控制組時。對立假說的比較組會以不同的方式測試自變量的影響（例如，一組受試者與另一組受試者使用同一藥物的不同劑量，或比較不同地區海洋的酸度的影響）。選擇適當的比較組並不容易，因此必須能夠找出特定比較組的侷限性，並相應地解釋結果。使用比較組的目標是建立假設檢驗的比較基準，以排除其他對立假說。

有效溝通
Communicating Effectively

語言溝通 Using Language

#受眾 #audience

不同的受眾有不同的背景知識、興趣、目標、世界觀和觀點。為了有效溝通，必須認識到受眾的這些特點，為他們量身訂做訊息。當一群受眾由具有不同知識水平、目標、興趣或動機的人組成時，不可能透過同樣的傳遞方式單一有效地接觸到所有的人。了解並仔細考慮受眾的觀點，可以協助設計出他們能夠理解的溝通方式，吸引他們的興趣，並且令人信服。

#意涵 #connotation

溝通中的用詞、語氣和風格所暗示的想法或感覺是溝通有效的關鍵，我們稱為「意涵」。單詞、成語、俗語等除了字面上的意思之外，其隱含意義也會影響溝通，我們需要妥善理解並加以使用。

#構成 #composition

有效的溝通需要清晰準確的風格，反映出溝通者的心聲，並且適合預期受眾。溝通者應該使用最少的必要詞彙（遵守「簡約」原則），仔細選擇詞彙，盡可能清晰以促進想法之間的銜接。避免被動語態、呆板的措辭、複雜的結構及不精確；要簡單、直接、真誠地寫作和說話。了解何時使用換句話說、引用或摘要，將必要的資訊順利納入溝通中。

#知識組織 #organization

用目標受眾易於理解和記憶的方式來安排書面、口語及視覺溝通內容。經過知識組織後的訊息應反映出文件或簡報的目的，並突出最重要的內容。

#論題 #thesis
書面或口頭溝通都應該提出清晰、明確的中心主張。論題陳述應該是實質性的、可論證的、精確的和相關的，並作為貫穿整體溝通的知識組織原則。

#專業精神 #professionalism
用適當並專業的方式展示自己，以及所從事的工作也是有效溝通的一部分。為了使溝通有效，應斟酌在他人面前呈現自己的方式，包括語氣、稱呼形式，以及使用俚語或非正式語言。校對書面工作中的錯誤，正確標明引文、觀點、數據和其他來源，遵循屬性和格式的常規作法。不同學科有不同的格式慣例，使用符合預期的標準是很重要的。更廣泛地說，確保你的溝通方式，無論是口頭還是書面，都能滿足或超越所在脈絡下人們的期待。

非語言溝通 Using Nonverbal Communication

#溝通設計 #communicationdesign
大量的研究記錄了人類知覺和認知的許多層面，形成一套囊括人類如何組織和解釋他們看到和聽到事物的原則。各種圖示（無論是出版品、簡報，或是影片）只有在尊重這些原則的情況下，才能有效地產生溝通效果。同樣地，用於特定用途的物體也要設計成能清楚地傳達這些用途。

#表達 #expression
非語言線索是溝通的關鍵。身體的位置、手勢和動作，可以加強我們口語交流的內容，或者破壞我們想表達的意思。特別是面部表情傳達了大量的資訊，從情感到意圖都有。同樣的，語言表達、語調和節奏也會對訊息的接收產生強烈影響。然而，儘管某些身體語言、面部表情和語調是跨文化的，但其他方面仍是仰賴各自文化所構建的，理解非語言線索有助於我們更準確地閱讀他人的表情，使溝通更有效。肢體語言、面部表情和語調是溝通的一個關鍵組成部分，要學會有效地使用。

#媒介 #medium

在分析或創作作品時，必須密切關注其結構和特定媒介工具的使用，以便創作出令人信服的作品或解釋作者想要表達的內容。語言媒介，如詩歌或非虛構作品，是利用語言的不同特點來達到其表達的目的。其他媒介，包括音樂和視覺藝術，其交流方式與語言交流有根本的不同。有些作品是抽象的，而另一些則使用可識別的符號或熟悉的圖像來向觀眾呈現更深層次的東西。此外，由於一種媒介可能包含不同的體裁，作者可能會應用不同體裁的技術和特點，使作品更加生動和令人難忘。要對某一特定媒介進行推論分析，需要了解相關的表達規範，並掌握描述、分析和組織這些規範的詞彙。

#**多媒體** #multimedia

多媒體作品融合了幾種交流方式，以傳達意義。視覺、聽覺、口語和書面模式可能以不同的方式組合，每種組合傳達的訊息都不一樣。要對多媒體傳播作出推論分析，就必須了解這些模式是如何相互補充、削弱或強化。

有效互動
Interacting Effectively

解決道德問題 Resolving Ethical Problems

#道德勇氣 #ethicalcourage

要弄清楚什麼是正確的事情，甚至注意到看似良性的決定中存在著道德層面的問題，這往往是一種挑戰。即使我們有堅定的信念、深思熟慮的意見和對道德因素的敏銳關注，也會發現自己在行動時難以貫徹我們的道德承諾。道德勇氣需要理解並克服這些障礙，這些障礙包括外部社會壓力和內

部心理障礙。道德勇氣還經常涉及到社會成本，如他人的疏遠或排斥，或由那些在道德上表現出可能需要抵制其行為的人們所帶來的肢體暴力風險。除了識別這些障礙，道德勇氣還需要提出實際的策略來解決這些障礙。

#道德考量 #ethicalconsiderations
許多決定都涉及到道德方面的考量，即使這些考量在第一眼看去並不明顯。要以道德的方式行事，我們必須首先認識到行動的道德層面，而這又可能涉及到確定相關的道德價值或理論，並解釋它們如何適用於當前的情況。倫理價值定義了構成倫理觀基礎的核心承諾，它賦予平等、自由、生命、安全、幸福、隱私等觀念價值。對倫理價值的承諾引起了倫理方面的考量，例如，人們的權利、義務、福利、意圖和傾向。倫理理論說明了價值的等級，以及在這些價值的基礎上確定我們應該做什麼的方法。這些理論包括義務論、功利主義、德性倫理學、關懷倫理學、佛教倫理學等。每種倫理理論都提供了一種觀點，當應用於某種情況時，會產生倫理方面的考量。因此，儘管並非必須，但在闡述倫理考量時，借鑒這些理論可能是有益的。

#道德判斷 #ethicaljudgement
倫理問題是複雜的，面對涉及權衡的兩難問題，人們可能會感到糾結，例如當我們不得不用自由或隱私來換取安全時。要在這種挑戰面前採取道德行動，就必須進行道德判斷，根據情況權衡相關的道德考量，並得出合理的結論。我們可以透過應用特定的倫理框架，或在特定環境下評估多種價值的相對權重，來提高我們倫理判斷的可信度和力度。對這個思考習慣的應用，需要辨識且提出滿足其中最重要道德考量的行動方案，針對這個道德困境提出立場或解法，並且透過針對反方論證的思考過程與意見發表，來證明該行動方案優於其他解法。

複雜系統內的相互作用
Interacting Within Complex Systems

#系統動力 #systemdynamics

複雜的系統隨時間而變化。相空間（phase space）可以用來描述和預測這些變化，為規畫干預措施提供基礎。相空間的維度（類似於圖形上的座標軸）描述了系統的可測量特徵，這些特徵可以隨著時間的推移而增加或減少。吸引子（attractor）是相空間上代表穩定平衡的位置：一個系統在該維度可能保持落在一個特定的數值組合。吸引子可以被描述為被吸引盆地（basins of attraction）所包圍，代表著在盆地中可能向吸引點移動的維度值的範圍。一個系統不太可能移動到一個特定的吸引子，除非它到達該吸引子盆地邊界上的臨界點，但是如果它確實通過了該臨界點，那麼就有可能移動到另一個吸引子。

#系統描繪 #systemmapping

沒有明顯的方法可以「在自然界的關節處進行雕刻」（柏拉圖）；在描繪複雜系統時，我們對代表現實的方式進行了概念性的選擇。就像地圖可以透過區分地形或特徵來表現地理現實一樣，我們剖析任何特定系統的方式應該取決於調查的目的，在實證研究中，這就是我們面臨的解釋挑戰。複雜系統可以透過各種方式進行解構，這些方式既可以定義系統的範圍，也可以定義其組成部分的相關屬性（在社會系統中，最常見的是人）。因此，解構一個系統的關鍵部分是以多種方式對其構成部分進行概念化，以便選擇或綜合最適合解決解釋挑戰的系統描繪。例如，在分析一支足球隊時，人們可能會從球員在球場上的位置、他們的跑動速度或他們的性格類型來考慮。根據手邊的問題，人們可能會也可能不會一併考慮球員的私人教練、球隊的管理層，甚至球迷。這個概念的一個具體應用是考慮組織結構：同一組人和各職能之間可能有各種不同的關係，例如嚴格的等級制度、矩陣或扁平結構。

#多層次分析 #levelsofanalysis

為了理解和解釋複雜系統的特徵和行為，人們可以在不同的規模或分析水平上進行研究。特別值得關注的是社會系統，它可以大致分為個人或微觀層面，群體或中觀層面，以及系統或宏觀層面。對於我們感興趣的許多問題，位於一個分析層次上的解釋可能不足以解決解釋上的挑戰，因此有必要進行多層次的分析。例如，在試圖弄清楚為什麼某門課程的學生不那麼投入時，我們可以研究個別學生和他們的個性，但如果不同時研究學生所在班級，甚至整個機構的學術文化，這種調查將是不完整的。展示多層次分析價值的一個有用方法，是注意一個分析層次的現象將如何影響或塑造其他層次的結果。多層次的分析通常（但並不總是）需要不同的學科方法，這些方法為概念化的組成部分提供不同的工具。

#湧現 #emergentproperties

複雜系統的一些屬性，如質量，很容易被理解為其各部分屬性的總合，例如所有密涅瓦學生的總質量是每個學生的質量之和。但由於各部分之間的相互作用，其他系統層面的屬性卻並非如此，例如密涅瓦學生每年獲得的總學習量不是每個學生學習能力的總和，因為相互作用（如討論和小組活動）導致了額外的學習。原則上，湧現通常可以根據系統中各部分的屬性和相互作用進行分析和預測；但在實踐中，卻非常困難，因此，從更宏觀層面來分析湧現屬性也是很有幫助的。

#複雜因果關係 #complexcausality

為了解複雜系統行為，我們必須找出多種原因，以及它們相互作用產生的二級、三級和高階效應的方式。這裡的「高階」是指在因果鏈更下游的原因。在某些情況下，只有特定原因的組合才會導致下游的特定高階效應。對因果互動複雜性的分析指出，一些原因是產生特定效果的必要條件，而其他原因可能對效果來說是共同充分，但不是必須的。複雜因果關係的一個特別重要概念是「反饋循環」，它指的是這樣的情況：一個特定的觸發事件在下游導致引起原始觸發事件的數量或行為的增加或減少，從而在

「滾雪球」效應中增強自身（正反饋循環）或將系統引向平衡（平衡反饋循環）。

#網絡分析 #networks
網絡分析是了解一個系統內各代理人之間關係或連結的有效的工具。例如，對這些網絡的分析可以幫助我們了解思想、資源、資訊或疾病是如何在一個社會系統中傳播的。網絡分析始於對網絡中節點的明確定義，以及確定哪些節點由邊線連接的標準。特別值得關注的是社會網絡，其中的節點代表個人。在這種情況下，邊線可能代表友誼、交流、物理距離、權威或其他一些相關的社會關係。分析網絡結構可以幫助闡明那些依靠個人特徵但無法解釋的現象。一個學生可能是他們班級中最有影響力的潮流引領者，並不是因為他們是最有創意、最外向或最有魅力的，而只是因為他們在連接網絡中的位置。如果網絡的結構發生變化，因為其他學生形成了新的關係，那麼這個潮流引領者可能會失去他們的影響力地位。這樣的現象稱為網絡效應。

談判和說服 Negotiating and Persuading

#自信 #confidence
過度自信可能會產生嚴重的錯誤預判。自信不足會使寶貴的機會得不到滿足和選擇放棄。認識到自己的極限和能力，並採取措施減輕過度或不足的自信，可以優化專案項目的結果。自信也是一種表現。一個人在書面和口頭交流中表現出的自信程度可以決定他們的成功。一方面，自信的表達可以成為有說服力演講的重要部分，聽眾可能會對自信地表達的觀點持贊成態度；反之，聽眾可能會注意到演講者的猶豫不決，並被演講者語氣中的遲疑所感染。另一方面，虛張聲勢和自以為是的過度自信往往會降低演講者的可信度和影響力。在演講和寫作中必須學會表現出適當的資格和信念，以呈現表達者的自信。

#談判 #negotiate
有效的談判涉及利益相關者之間的取捨，以達成協議。談判的成功需要一個結構化的方法，其中包括明確識別利益和雙方的共同點，商定一個過程，制定最佳可行方案，並準備犧牲一些目標來實現其他目標。談判者必須確定目標的優先次序，但隨著形勢的發展，要保持靈活和開放的態度，以便作出妥協。將談判作為一個結構化的過程，可以提高成功解決問題的可能性。

#助推 #nudge
人類的決策受到獨立於客觀成本／效益分析的因素的影響。例如，人們可能更傾向於選擇被列在首位的選項，或者被標記為默認的選項。「選擇架構」影響著所有的決定，即使沒有人考慮過這個架構是什麼，也沒有設計者有意引導決定者的結果。選擇架構可以提供強大的影響力來介入一個系統，因此許多人討論了在人們沒有意識到的情況下，使用助推來影響他們的這一項道德問題。

#胡蘿蔔和棒子 #carrotandstick
激勵和抑制措施可以用來影響決策和行為。這些措施可以在意識層面以下發揮作用，比如對別人微笑或皺眉以鼓勵或阻止某種行為，或者它們可以透過仔細思考來發揮作用，比如教授宣布對於遲交的論文予以 20% 分數的懲罰，用來激勵人們及時提交作業，個人和團體都可以（不）實施激勵措施，以改變個人和／或團體的行為。

#說服 #persuasion
認知性說服技巧迎合了受眾以特定方式推理的傾向，以及其動機、社會態度和組織資訊的認知結構。人們可以透過使用一些技巧，例如重新構建前提、重複適合的例子、講故事或其他修辭手段，來利用立場的不同認知優勢和劣勢。由於情感在決策中的參與度很高，訴諸於受眾的情感也能促進說服工作。人們可能會被快樂、幽默、驚訝或悲愴所說服。此外，情感體

驗無論是積極還是消極，通常都更令人難忘，因此，包含情感和生動觀點的論證可以產生更持久的影響。通常情況下，最有效的說服技巧結合了認知和情感訴求。重要的是要考慮聽眾對不同種類的說服性呼籲的可能反應。

與他人合作 Working with Others

#責任感 #responsibility

在與他人合作時，人們應該對自己的貢獻和表現負責。這意味著，一個人應該根據自己的能力和道德原則做出貢獻，牢記不要把期望值定得過高，而不切實際。一個人應該履行對自己和他人的承諾，而不是尋求將未達到目標的原因歸咎於環境或他人。要做到這一點，認識到勇氣和自制力在履行責任和完成目標中的作用是非常有用的。當出現挫折時，重要的是要積極主動地尋找解決方案，應告訴其他人為什麼會出現問題，並提前足夠的時間讓他們調整自己的計畫，如果可能的話，為克服挑戰做出貢獻。

#領導原則 #leadprinciples

最重要的是，優秀的領導者能夠認識到何時需要採取行動，並引導他人實現目標和解決問題。大量的實證文獻記錄了成功的方法，不同的方法在不同的背景下和不同類型的人身上或多或少都有效果。例如，「變革型領導」旨在透過引導團隊成員與他們的認同感相聯繫，認同組織，有自主權，並看到與個人目標的關係來提高績效，而「交易型領導」則透過對個人超過或低於明確規定的期望值進行獎勵和懲罰來提高績效。

#權力動態 #powerdynamics

權力，一般來說，是指一個人讓別人做他們本來不會做的事情的能力。雖然我們經常把權力與正式的權威或暴力威脅聯繫在一起，但權力的來源有很多，包括資訊、關係、專業知識和魅力。了解影響他人的不同方法，可以使人有效地應用這些方法，解讀和分析群體的動態和社會情況。

#制訂策略 #strategize

選擇如何行動需要分析手頭的情況並制定計畫，以指導未來的決策和行動。一項策略主要依賴於診斷，以確定關鍵的槓桿點。診斷的一個層面是了解自己與他人的相對優勢和劣勢。制訂策略的核心是有一個指導方針，以及一個準則可作為行動的參考，這些原則是以診斷為基礎，針對確定的壓力突破點制訂一個計畫。最後，一項策略包括一套從指導方針衍生而來的一連串的對應行動。

#個體差異 #differences

人們在能力及特質、態度和信仰方面存在差異，所有這些都會影響他們與其他人的互動方式，以及他們對合作項目的貢獻。有效的互動有賴於評估有關其他人的這些資訊，並以符合他們特點的方式與其進行互動。此外，儘管團體確實從擁有多元觀點和背景的成員中受益，但認識到團體內部需要有共同的觀點和價值觀也很重要。

#一致性 #conformity

作為個體，人類被描述為具有「群居本能」，導致我們每個人都想做別人正在做的事，或我們認為被期望做的事。人類社會傾向於發展規範（泛指符合大眾，被視為理所當然的行為模式）。違反規範的行為會受到譴責，並經常受到社會手段的懲罰（如排斥、指名和羞辱）。社會規範在一個正常運作的社會中發揮著重要作用，不同社會之間會有文化差異。儘管社會規範是人類的創造，存在於人們的頭腦中，是對普遍的或適當的行為的看法，但它們是持久的和自我強化的，因為個人的偏離被看作是需要被責備的違規行為。然而，社會規範在模糊地帶經常受到挑戰，它們隨著時間的推移不斷發展、變化和被推翻。規範創新者們不斷組織起來，使他們的信念被接受為理所當然的默認行為，他們運用各種長期戰略，這些戰略通常被稱為「變革理論」。社會變革需要組織起來，因為個人無法單方面改變規範。然而，作為個人，應該識別和意識到種種規範的存在，並對遵循規範的程度做出選擇。順應他人的行為或社會規範有好處，但它也可能破壞

創造力和有效的問題解決。許多研究表明，「逆向」的觀點（反其道而行之）可以成為確定新的解決方案和實現目標的有效方法。然而，逆向思維有時也會產生破壞性，以至於阻礙進展。學會識別那些需要順從的情況，並確定何時適合採取逆向思維的方法，可以幫助平衡「順其自然」的衝動。

#自我覺察 #selfawareness

人類通常對自己的特點和表現形成過於樂觀的評估，而忽略了相反的證據。所謂「認識自己」，其中一部分是準確評估自己的能力和特點，並找出阻礙你實現目標的壞習慣和行為。要做到這一點，你必須首先確定自己的盲點，學會「知道自己不知道什麼」，並形成習慣，避免忽視有關自己行為及其影響的證據。這需要客觀性、理智上的勇氣和不自大，這樣你才能對自己的優勢和劣勢形成準確的評價，並制訂自我改進的策略。自我覺察還有一個好處，就是使你對別人自我評估的準確程度更加敏感，這樣你就可以相應地調整與他人的互動。

#情商 #emotionaliq

智能有很多方面，其中一個方面就是認識、理解、使用和管理情緒。成功的互動往往取決於，至少是部分取決於控制自己的憤怒或辨別他人對我們行為的情緒反應的能力。情商是辨識和評估情緒（包括自己的和別人的），以及控制自己情緒的能力。情商的四個分支是感知情緒、理解情緒、使用情緒和管理情緒。這些情商技能可以透過練習而逐步增進。

作者簡介
About the authors

李佳達

密涅瓦大學決策科學碩士班（2022 級），跨界的創新實踐家、律師、哈佛大學訪問學人、聯合國發展計畫青年領袖，曾擔任行政院部長幕僚，以及園區科技公司主管，同時也是跨國文史策展人、大歷史作家，作品曾獲台北文學獎、法律文學獎等。於 2018 年創辦世界觀學院，開始推廣跨領域、全局觀的未來學習方式，融合「大歷史」（Big History）、複雜系理論，以及密涅瓦大學的「思考習慣訓練法」，推出「決策思考力」課程，致力於打造一堂跨界、跨齡的決策思維必修課，學生從 108 素養課綱的高一新生，到台大 EMBA 班的企業領袖，相信未來的學習不是知識導向，而是透過思考習慣訓練法，為自己裝備應對未知的決策智慧。

劉劭穎

密涅瓦大學決策科學碩士班（2022 級）。過去曾為急診科醫師，因對教學的熱忱而轉任醫院教學型主治醫師及自由講師。對世界充滿好奇，喜愛探索，曾到 40 個國家自助旅行。熱愛教學，擅長遊戲化、遊戲式課程設計，曾結合密室逃脫、實境解謎、桌遊、實境角色扮演等形式應用於教學，也曾出版桌遊。近年熱衷於表演藝術與心靈探索，參與多種戲劇、肢體與表演工作坊及即興劇公開演出，並將其融入至課程活動。曾至多個學校與年輕學子分享，認為培養年輕世代是教育的責任。因為想當個更好的教育者，而投身密涅瓦的課程，除了拓展教學的視野，同時也讓自己回到學生的角度來體驗。認為未來的世界唯一不變的，就只有一切都在變，希望未來的學習不再是傳統的單向輸入，而是創造體驗，讓孩子們在體驗中認識自己、認識世界，並保有面對變化的韌性、熱情與勇氣。

黃禮宏

密涅瓦大學決策科學碩士班（2022 級）。職涯歷經教育、服務、醫療，而後落腳於製造業的跨領域心理人。熱愛銷售，從事國外業務工作多年，擅長同理、陌生開發、商務談判、關係管理。工作上走遍多國談生意，近距離觀察到這個世界的快速改變，認為以往的學習方式已不足以面對當今的挑戰，也對台灣人才的未來甚感憂心。兩個孩子出生之後，這樣的憂心變成切身的問題，因緣際會接觸到密涅瓦大學，驚呼和心目中的理想教育方式非常接近，而最好的印證方式就是實際跳進來走一遭，提前為孩子打造學習應對未知的方法，陪伴孩子一起成長為未來世界需要的人才。

Eurasian Publishing Group
圓神出版事業機構
用心與你對話‧視野無限寬廣

究竟出版社
Athena Press

www.booklife.com.tw   reader@mail.eurasian.com.tw

第一本 112

全球人才搶著學！密涅瓦的思考習慣訓練

作　　者／李佳達‧劉劭穎‧黃禮宏
發 行 人／簡志忠
出 版 者／究竟出版社股份有限公司
地　　址／臺北市南京東路四段50號6樓之1
電　　話／（02）2579-6600‧2579-8800‧2570-3939
傳　　真／（02）2579-0338‧2577-3220‧2570-3636
總 編 輯／陳秋月
副總編輯／賴良珠
責任編輯／柳怡如
校　　對／李佳達‧劉劭穎‧黃禮宏‧柳怡如‧張雅慧
美術編輯／金益健
專案企畫／尉遲佩文
行銷企畫／陳禹伶‧鄭曉薇
印務統籌／劉鳳剛‧高榮祥
監　　印／高榮祥
排　　版／杜易蓉
經 銷 商／叩應股份有限公司
郵撥帳號／18707239
法律顧問／圓神出版事業機構法律顧問　蕭雄淋律師
印　　刷／祥峰印刷廠

2022年4月　初版

定價 350 元　　ISBN 978-986-137-362-1

密涅瓦試圖用最新的科技，教最古典的精華。我好像可以看到某種古往今來知識的虛擬宇宙，在這裡面，我目睹了千年來的學術激辯和交鋒，發現人類一支又一支為了探索世界而從各個角度丟出的探針，在每個學習的當下，我不屬於某個學校、學派或科系，我只是不斷為自己的大腦下載著不同的演算法，一邊對照著我所在的現實世界，試圖更看清自己是誰，從哪裡來，又要往哪裡去。

——《全球人才搶著學！密涅瓦的思考習慣訓練》

◆ 很喜歡這本書，很想要分享

圓神書活網線上提供團購優惠，
或洽讀者服務部 02-2579-6600。

◆ 美好生活的提案家，期待為你服務

圓神書活網 www.Booklife.com.tw
非會員歡迎體驗優惠，會員獨享累計福利！

國家圖書館出版品預行編目資料

全球人才搶著學！密涅瓦的思考習慣訓練／李佳達，劉劭穎，
黃禮宏 著. -- 初版. -- 臺北市：究竟出版社股份有限公司，2022.4
　256 面；14.8×20.8 公分 --（第一本；112）

　　ISBN 978-986-137-362-1（平裝）

1.CST：思考　2.CST：思維方法　3.CST：決策管理

176.4　　　　　　　　　　　　　　　　　　111002133